测绘地理信息科技出版资金资助

测绘地理信息发展战略文库

政府战略规划的实践逻辑

Practical Logic of the Government Strategy and Planning

陈常松 著

测绘出版社

·北京·

ⓒ 陈常松　2018

所有权利(含信息网络传播权)保留,未经许可,不得以任何方式使用。

图书在版编目(CIP)数据

政府战略规划的实践逻辑/陈常松著.—北京:测绘出版社,2018.3

(测绘地理信息发展战略文库)

ISBN 978-7-5030-4090-0

Ⅰ.①政…　Ⅱ.①陈…　Ⅲ.①公共部门—发展战略—案例—中国　Ⅳ.①D63-31

中国版本图书馆 CIP 数据核字(2018)第 042932 号

责任编辑	余易举	封面设计	李 伟	责任校对	石书贤	责任印制	陈 超
出版发行	测绘出版社			电　　话	010—83543956(发行部)		
地　　址	北京市西城区三里河路 50 号				010—68531609(门市部)		
邮政编码	100045				010—68531363(编辑部)		
电子信箱	smp@sinomaps.com			网　　址	www.chinasmp.com		
印　　刷	北京京华虎彩印刷有限公司			经　　销	新华书店		
成品规格	169mm×239mm						
印　　张	10.375			字　　数	166 千字		
版　　次	2018 年 3 月第 1 版			印　　次	2018 年 3 月第 1 次印刷		
印　　数	001—800			定　　价	54.00 元		
书　　号	ISBN 978-7-5030-4090-0						

本书如有印装质量问题,请与我社门市部联系调换。

目 录

绪　论——决定发展的两个主要因素 ································· 1

第一章　战略规划与政府战略规划 ································· 5
　　第一节　什么是战略 ··· 6
　　第二节　什么是规划 ··· 9
　　第三节　什么是战略规划 ···································· 11
　　第四节　战略规划分类及政府战略规划 ························ 13

第二章　政府战略规划的内容框架 ································ 17
　　第一节　愿　景 ·· 17
　　第二节　形势分析 ·· 22
　　第三节　目标及任务布局 ···································· 25

第三章　政府战略规划的表现形式、特点及作用 ···················· 35
　　第一节　战略规划体系 ······································ 35
　　第二节　战略规划体系的逻辑 ································ 38
　　第三节　战略规划的语言表达形式 ···························· 45
　　第四节　战略规划的特点 ···································· 54
　　第五节　政府战略规划的作用分析 ···························· 68

第四章　政府战略规划的管理 ···································· 72
　　第一节　什么是政府战略规划管理工作 ························ 72
　　第二节　政府战略规划管理工作主要参与者 ···················· 74

第三节　政府战略规划管理的主要工作内容 …………………… 76
　　第四节　战略规划管理程序 ………………………………………… 79

第五章　政府战略规划的研究编制 …………………………………… 87
　　第一节　研究发展思路 ……………………………………………… 87
　　第二节　确立布局任务 ……………………………………………… 99
　　第三节　战略规划项目的研究论证 ………………………………… 106
　　第四节　发展政策和战略规划实施规则 …………………………… 111
　　第五节　战略规划的论证 …………………………………………… 115
　　第六节　战略规划的衔接 …………………………………………… 124
　　第七节　战略规划的报批程序 ……………………………………… 127

第六章　战略规划的组织实施 ………………………………………… 131
　　第一节　战略规划实施的本质及影响因素 ………………………… 131
　　第二节　战略规划实施的路径及机制 ……………………………… 136
　　第三节　战略规划实施的资源配置方式和政策手段 ……………… 146
　　第四节　政府战略规划实施中的年度计划 ………………………… 148
　　第五节　政府战略规划实施中的年度预算 ………………………… 154
　　第六节　战略规划评估 ……………………………………………… 158

后　　记 ………………………………………………………………… 161

绪　论

——决定发展的两个主要因素

一

一般地,"发展"是变化的一种。百度词条对变化的解释是：(1) 人或事物由小到大、由简单到复杂、由低级到高级的变化。(2) 变化的趋势。(3) 扩大。(4) 发挥,施展。按照达尔文的进化理论,在漫长的地质历史时期,人类经历了从低级动物到高级动物的进化,最终演变为人。在人类出现之前,地球上的生物演化历史,甚至整个地球的演化历史,也是一个从低级到高级、从简单到复杂的变化过程。描述这一过程,可以用很多术语来表达,例如"变化""演变""进化"等。"发展"一词也可以作为其中的一个选择,并且从某种意义上讲,是一个较好的选择。

所以,"发展"作为"变化"的一种,是一个具有一般意义的词语。但是,仅从上述最一般的意义上讨论"发展",对于解决人类当前存在的问题,尤其是当前我国存在的问题是没有意义的,或者说针对性不强。因此,通常我们所谈到的经济发展、社会发展等中的"发展"具有相对具体、针对性强的意义。主要包括：

第一,这种"发展"主要是指与人类"发展"有关的技术进步、经济增长、环境改变等方面的变化。

第二,这种"发展"是指人类的组织——"社会",由原始社会、奴隶社会、封建社会、资本主义社会到社会主义社会等的更替。

第三,这种"发展"是指人作为生物个体的身体机理、体能技能的良性变化,同时又是指人类的聪明才智、精神人格等精神层面的良性变化。

第四,这种"发展"是指人类作为区别于动物的一个具有社会性的生物族群的发展、繁衍、生息及其生存环境改善、生活富足等。

因此,"发展"是指在人类从地球上出现后其本身及生存环境的演变过程。它以人的自我完善为主体和中心,或者说是以人为本的发展,是人的幸福感逐步增强的过程。

二

发展是变化的一种,是具有正能量特点的变化。另外,还有一种变化就是具有负能量的变化,是导致人类及其生存环境退化甚至灭亡的变化。一个发展的过程实际上就是不断从自然中发掘有利于人类生存、提高人类生活品质的各类因素的过程。但是由于人们的认识水平有限,一些看似是有利于人类发展的因素的发掘可能会带来负面的影响,或者在较短的时间内是正面的,但从长时间来看,却是负面的。因此,发展往往是相对的。例如技术进步可以促进整个人类社会在组织方式、人际关系等方面更加进步、更加合理,但同时也可能使人类越来越远离自然,引起对自然资源的过度利用,破坏自然环境,最终可能毁灭地球。所以,发展又是具有一定破坏力的。

追求发展是人类与生俱来的、先天的能力。人类自诞生以来,就一直处于不断地追求发展之中。考察这一过程可以发现,人们往往主要依靠两种方式来推动自身和周边环境的发展。一种是精神激励,或者说"励志";另一种就是科学务实的谋划。

精神激励的作用一直是推动发展的一个重要力量。有一种神秘主义的力量在远古蒙昧时期尤为重要,即占卜、算命等。占卜、算命等精神鼓励活动成为一个人是否干一件事情的决定性力量,整个社会的前进方向、道路选择和个人生死命运等均严重受此影响甚至起决定性作用。欧洲文艺复兴之后,蒙昧时代结束,科学理性逐步取代蒙昧、迷信,成为人们精神上的支柱和用于解决问题的主要工具。推动"发展"的主要动力也变为严肃的科学研究、精密谋划和理性思考。但是,精神激励仍然对"发展"具有非常强大的推动作用。心理学研究表明,鼓励或者批评某个人,导致这个人做出截然不同的行为。鼓励这个人,会极大增加这个人的工作热情和积极性,从而会产生更大的工作业绩;批评这个人,则会使这个人精神沮丧，导致他工作热情降低，工作效率低下。所以，精神上的奖惩对个人做事、处世甚至发展有着重要的作用和影响。

同理，精神激励对于群体的影响也是十分巨大的。例如，据吴敬琏、马国川研究："毛泽东本人一直反对用物质刺激，而主张用精神刺激激励人们努力工作。"[①] 正因如此，在我国改革开放前，上工的农民走在路上、路边宣传队正在激昂歌唱的情景随处可见；建筑工地上红旗招展，歌声、号子声此起彼伏的场景随处可见。也正因如此，雷锋式的劳动模范才会层出不穷，并持续激励着人们努力工作。正是由于对精神激励深信不疑，我国不同地方一度兴起各式各样激励人们努力工作的口号，曾经有一位作家专门对各式各样的口号做过总结，写了一本书，叫作《口号中国》。

现代西方社会中，战略管理领域也十分重视这种精神激励在推动发展中的作用。按照西方企业战略规划的一个模板，"愿景"是企业战略中十分重要的组成部分。所谓"愿景"，就是期望，是一个企业根据自己的职责所确定的奋斗方向，类似于中国的口号。鉴于我们国家经常将企业当作"人"来看待，叫作"法人"。那么"愿景"代表的意思，在很大程度上相当于这一"法人"的价值观。对共同价值观的追求是企业凝聚力量，围绕统一目标勤奋工作的动力。这种"愿景"是企业发展的一面旗帜，指引企业的前进方向。很多人认为，一个被广泛接受的愿景会凝聚和激发全体利益共同人的斗志和干劲，至于是否需要精心谋划，提出实施愿景的路线图则是第二位的事情了。

与精神激励既有区别又有联系的推动发展的力量是理性的力量。文艺复兴后，精神的力量不再是主宰人类生活的唯一力量。认识客观世界，努力寻找规律、发现规律并利用规律来开发自然、利用自然，并推动人类自身发展成为一种主要方式。这种方式就是科学的方式。经过漫长的演变，科学的方式逐步成为一种专门的技术或者方法，具体表现为：在一定的价值观（也有人叫作"愿景"）指导下，通过深入调查研究，总结规律，找准方向，预测未来，在此基础上确定发展目标和行动路线图，从而推动发展。我们将这种工作叫作战略规

[①] 吴敬琏，马国川，著：《重启改革议程——中国经济改革二十讲》，生活·读书·新知三联书店，2013，47页。

划工作。

所谓战略规划工作就是通过科学的谋划、缜密的思考，在深入分析现状、客观评估形势、深入剖析问题、准确把握规律的基础上，提出发展思路，确定一个阶段的发展目标，布局发展任务，研究政策措施等。这一过程既是一个科学研究的过程，同时也是一个决策的过程。

本书的研究范围就是这种战略规划工作，类似于西方的战略管理。西方企业战略管理是一门非常重要的课程。美国学者理查德·鲁梅尔特认为，战略"就是利用己方相对优势攻击对方软肋"[①]，好战略的核心包括三个要素：(1) 调查分析——确定形势中至关重要的方面。(2) 指导方针——为了处理和克服调查分析过程中确定的障碍而制定的整体性策略。(3) 连贯性活动——这种活动是为了落实指导方针而采取的措施，各种活动之间具有协调性。本书将借鉴西方的现有成果，将中国几十年的计划管理经验消化吸收，与西方经验相互借鉴，重点从方法论上探讨中国特色社会主义经济中公共部门的战略规划工作。

---

① 理查德·鲁梅尔特，著（蒋宗强，译）：《好战略，坏战略》，中信出版社，2012。

第一章
战略规划与政府战略规划

为本书的讨论主题确定一个合适的术语,以便于既能准确表达作者的意思,同时又能使读者清楚地了解作者的写作意图,确实花了作者较长一段时间。尽管目前在这方面可供选择的词汇很多,其中有一些术语的含义很清晰,但是,最终选定符合科学精神的术语还是踌躇不决。按照作者的意思,本书想主要从战略规划工作中该"如何想",也就是该如何形成正确的思维方式等方面来描述和讨论与"对发展的谋划"有关的话题。对"发展的谋划"主要有如下几层含义:

一是要明确"发展"的具体含义。所谓具体含义,即不是那种哲学推演式的、没有明确外延边界的含义。关于这一点,我们已经在绪论中讨论过,即本书所指的发展,是关于与人的生活、幸福有关的变化。尽管其与政治、文化、社会等发展主体有密切关系,但是本书所重点讨论的主要是指"经济发展"。

二是要明确"谋划"的具体含义。所谓谋划是指"把参谋、计谋的想法组织成具体的计划、规划的行为"①,也就是说在认真分析形势的前提下,对发展目标、发展路径、任务布局等事项的思考过程,以及将思考的结构描述出来,作为行动指南的过程。

三是要明确这种谋划是以时间为主要线索的,也就是重在谋划各类发展事件、发展事项在时间轴上的布局等。

因此,在术语的选择上,"战略""规划"等术语均可使用。本书选择将这两

---

① 见百度相关内容。

个术语结合起来，采用"战略规划"术语来描述上述想法。本章想先做一些务虚方面的工作，试图对此进行深入讨论。

第一节 什么是战略

在具体回答这一问题之前，先将"战略规划"拆开进行分析。

在日常工作中，"战略"和"规划"两个术语经常被混用。实际上，也很难区分它们之间在含义上的细微区别——尤其是在中国当前的行政管理工作中。例如我国每隔五年编制的国民经济和社会发展"五年规划"，实际上是被冠以"规划"名字的、关于国家每五年发展的纲领性总体战略，而其中所包含的具体内容，例如在《中华人民共和国国民经济和社会发展第十二个五年规划纲要》所提出的城镇化战略，尽管被冠以"战略"字眼，但是其实质是为实施"规划纲要"而需要完成的某一个方面——在本讨论中就是"城镇化"。而所谓"城镇化战略"，实际上是关于如何推进城镇化工作的思路、想法、任务和项目，也就是关于城镇化工作的具体工作安排。这按照通常意义上的说法，属于"规划"的范畴。

但是，从严格意义上讲，"战略"和"规划"之间确实又有明确的含义区别。概括起来，具体包括如下三个方面。

第一，"战略"来源于战争，是一种谋划，引申到经济活动中主要是指对发展方向、发展思路、发展路径的谋划。"规划"则是指在一定的发展方向约束下，对发展有关事项的具体安排，其更多地属于战术层次事务。

第二，"战略"处理的对象一般是某一事物沿着时间轴上的发展问题，而"规划"除了要处理"发展事项"沿着时间轴上如何布局这一类问题外，还有一类规划专门处理事物在空间上的布局问题。例如各类空间规划处理的就是这一类问题。

第三，战略的构成模式一般是价值—目标—手段。国家可以制定统一的一个战略，但其具体提出、编制、组织、实施、管理等各个工作环节需要不同类型的组织参与，作者认为，需要参与的组织至少有四类：

一是政府部门：负责提出战略以及在对战略编制和实施的组织管理工作，负责部分具体实施工作，负责政府投资、公共服务等战略实施具体保障工作。

二是政府部门及其事业单位：负责具体研究、编制战略和部分具体实施工作。

三是各类市场主体：负责实施需要发挥市场作用完成的战略任务的具体实施工作。

四是各类社会团体：负责战略规划编制实施相关服务保障工作。

在国家战略的指导下，规划是实施手段，分别由不同的责任主体制定和实施。其中，政府规划是政府制定的，是几年内经济调节、市场监管、社会管理和公共服务等政府职责的具体部署，是政府需要完成的战略任务的实施手段；市场主体制定的规划在西方一般称为"企业战略"，是为企业用于分析形势，迎接挑战，促进发展的手段和工具；社会组织同样也制定相应的规划，适应其职责需要，对相关工作做出安排。

下面，我们再从纯语言学的角度来分析"战略"一词的解释。由中国社会科学院语言研究所词典编辑室于1994年修订、商务印书馆于2001年重印的《现代汉语词典》（修订本）[①]对"战略"的解释为：（1）指导战争全局的计划和策略。（2）有关战争全局的。（3）比喻决定全局的策略。在同一本字典中，与战略一词相邻的还有一词，叫"战略物资"，该词典的解释是：与战争有关的重要物资。

可以看出，"战略"一词的起源与战争有关，是关于战争的策略，也就是关于战争的"根据形势发展而制定的行动方针和斗争方式"[①]。战略（strategy）就是设计用来开发核心竞争力、获取竞争优势的一系列综合的、协调的约定和行动[②]。如果我们认定上述理解是正确的，那么，可以看出，所谓"战略"，主要包括以下要素，即行动方针、发展（斗争）方式、综合协调的约定和综合协调的行动。将这些要素与当前我国通常意义上的"规划"相比较，实际上就是指导思想和发展思路（行动方针、发展方式）、主要任务（行动）和政策措施（约定）。

---

① 中国社会科学院语言研究所词典编辑室，编：《现代汉语词典》（修订本），商务印书馆，2001。

② 迈克尔·A. 希特，R. 杜安·爱尔兰，罗伯特·E. 霍斯基森，著（吕巍，译）：《战略管理——竞争与全球化（概念）》，机械工业出版社，2010。

与来源于军事斗争的"战略"概念相比,企业战略关注一个企业的发展问题。西方的企业战略管理理论发展已具有了相当长的历史时期。目前,企业战略理论正在逐步被运用到公共部门的管理之中,并形成公共部门的"战略管理"实践。来源于军事斗争的"战略"与来源于"企业战略"的"战略"之间有一些不同,但基本内核还是相似的,例如,均从属于"发展"这一主题,是对"发展"的谋划,是关于"发展"的愿景、形势、目标、任务、布局、政策等的总集。将这两种来源的战略思想运用到政府部门之中,体现在公共发展上,形成公共部门的战略。它体现政府的愿景追求,是一个国家基于对国际国内环境的客观、科学的分析,为实现其愿景,对一定时间段内的发展目标、方法、手段等的谋划。

将"战略"的这两个来源所代表的潜台词放到一起考虑,可以看出,"战略"在早期是发现和获取竞争优势的约定、行动的组合,以及促使这些约定、行动之间相互协调、互为补充的规则的集合。经过较长时间的发展,战略表现出其与发展更加紧密的关系。

> "战略"是某一组织根据发展形势、发展情况对未来某一段时间内发展趋势的基本判断,以及根据这一基本判断所确立的发展方向、发展目标、发展路径(需要遵循的一系列原则和需要开展的一系列工作或者行动)。

温和平在研究企业战略时指出,要实现公司的整体战略,不仅需要各高层领导制定相应的功能型战略(也称为职能战略,如财务、生产、研发、人力资源等),还需要对这些功能型战略所包含的关键活动进行导向性的明确,即确立相应的战略主题[①]。

所以与"战略"相关的工作一般带有一定的探索性质、研究性质。正是由于这一原因,我们一般将与战略相关的工作称为"战略研究"工作。

---

① 温和平:《绩效管理的三大误区》,载《新华文摘》,2012年第23期。

战略研究工作是充分运用人们的战略思维，评估发展现状、分析发展形势、把握发展趋势、辨析发展方向、明确发展目标、确定发展路径、布局发展任务的过程。

而所谓战略思维，其本质是人的头脑中的理性的心理活动，其过程是不可见的。只有将战略思维的成果以规范化的形式表达出来并应用于实践，也就是说只有经过战略研究工作，战略思维才能产生实实在在的效果和影响。而这种表达出来的战略思维的成果就是"战略"。

第二节 什么是规划

前面已经讨论过，战略与规划实际上是分不开的。从某种意义上讲，"战略就是规划，规划就是战略"这句话是对的。也就是说，与"战略"一样，"规划"同样也要分析发展形势、研究发展趋势、明晰发展方向和目标、布局发展任务。不同之处在于，两者的侧重点不同："战略"更加重视对形势的分析和趋势的把握，思辨性特点更强，实际工作中更加重视其科学性、宏观指导性，一个战略如果对发展任务描述深度不够，但是对于发展趋势、发展方向描述得很清楚，这应该是一个好的战略，至少不能算作一个失败的战略。当然它是有瑕疵的。"规划"则更加重视在战略所确定的发展方向基础上，对相关任务的分配并确定任务在时间和空间上的合理布局，实践性更强，更加微观与具体。实际工作中更加重视其完备性和可操作性。其往往在"战略"研究成果基础上通过进一步工作形成，是一个部门或者单位安排年度工作的重要依据之一。

除上述区别外，与"战略"相比，"规划"还有如下两点不同：

第一，规划不但关注具体发展任务在时间轴上的布局，也就是明确各项发展任务的优先顺序，而且更加重视各项任务在空间上的合理布局。近几年，伴随着我国更加重视经济发展方式的科学化问题，各项经济发展任务在空间上的布局就更加引起战略和规划工作者的重视。十七大提出的加快实施主体功能区战略和区域发展总体战略就是这种追求区域协调发展和人与自然良性互动关系的结果。我国规划体系中的城镇化规划、土地利用规划等均以对任务资源在空间上的合理配置作为其主要任务。尤其在十八大以后，我国经济发展更加重视各项任务在空间上的合理布局。党的十八大报告提出："加快实施主体功能区战略，推动各地区严格按照主体功能定位发展，构建科学合理的城市化格局、农业发展格局、生态安全格局。"[1] 杨伟民在论述规划在空间管制中的作用时，更加清晰地指出："法律确定原则，规划确定界限。法律只能确定哪种自然空间必须实行用途管制，哪类国土空间必须限制开发或禁止开发，但具体边界必须通过空间规划来划定和落实。"[2] 这说明了规划在空间布局研究中的作用和定位。也正是这一原因，他进一步谈道："在国家层面，要厘清主体功能区规划、城乡规划、土地规划、生态保护等规划之间的功能定位，在市县层面，要实现'多规合一'，一个市县一张规划图，一张规划图管一百年。"

第二，规划具备配置资源的作用。根据一般规律，规划工作在明确发展任务及其在时间空间上的布局后，还要就完成这些任务的方法和手段进行明确，尤其要就资源筹措方式及办法等事项进行规定。这些资源包括但不限于财力资源、物质资源、土地资源、人力资源等。

完成不同领域的规划任务，需要不同类型的资源支持，例如建立钢铁厂，需要考虑耗能问题，其选址、规模均需要考虑水、能等资源的配比。同样，完成不同地区的规划任务，也需要不同类型的资源支持，例如在西北地区布局农业生产，需要充分考虑水资源的配置问题，而同样是布局农业生产，在华南则可能不需要考虑水资源问题，相反，需要更多地考虑耕地资源是否配置的可能性问题。一般地，规划发挥配置资源的作用，总是与完成规划任务的需求有关，其可以解决的资源配置问题包括：

——不同类型的资源配置问题。完成规划任务需要不同类型的资源，从而发挥配置不同类型资源的作用。

——资源在量上的配置问题。完成规划任务所需要的资源量是不同的，从而规划可以对资源量进行配置。例如需要多少人、需要投入多少经费等。

---

[1] 本书编写组，编著：《十八大报告辅导读本》，人民出版社，2012。

[2] 杨伟民：《建立系统完整的生态文明制度体系》，自《〈中共中央关于全面深化改革若干重大问题的决定〉辅导读本》，人民出版社，2013，319-328页。

——明确配置资源的手段。这是对一个文本作为一部规划的基本要求，例如筹措各种资源的渠道、方式等均要在规划中表述清楚。

——明确配置资源的机制。规划配置资源的主要机制是"规划项目"。所谓规划项目，是将规划任务与资源配置方式打包封装的一种机制。后文将详细阐述。

规划具备配置资源的作用是规划得到执行和实施的前提和关键。

第三节 什么是战略规划

我们之所以选择将"战略"与"规划"两个词组合在一起，用"战略规划"来表述本书的研究对象，主要就是基于前述对"战略"与"规划"这两个术语既有联系又有区别的理解和界定，基于试图将"战略"的科学性、宏观指导性与"规划"的可操作性、可考核性结合起来，更好地适应当前科学决策、精细管理的形势需求。从前两节的分析可以看出，从战略的角度出发，所谓规划，就是对战略步骤、战略任务和行动措施等与发展主体有关的事项的通盘考虑、盘算、细化和计划。

因此，"战略"和"规划"的组合：

"战略规划"指的是根据事物的发展规律，以推动事物健康、持续发展为目标，对该事物在一定时间段内发展目标、发展阶段、发展任务和相关其他事项的谋划、计划和盘算。

从这一定义出发，可以大体上界定战略规划的特征为：（1）是关于时间轴上一切与发展相关事务的规划。（2）与战略不同，战略规划不是纯粹的一种宏观指导性或者称宏观导向性的东西，而是可操作的，也就是列入其中的任务等事项是能够被执行的，并且执行的效果是可以被考核的。

根据上述关于"战略规划"的定义，从西方企业战略管理理论出发来看，我们所称的"战略规划"，实际上是将企业战略管理理论用于公共部门，特别是用于国家宏观调控的一种探索。尽管两者之间有许多不同，但基本内核还是相似的，例如，均从属于"发展"这一主题，是对"发展"的谋划，是关于"发展"的愿景、形势、目标、任务、布局、政策等的总集。而由政府部门制定的战略规划,体现政府的愿景追求,是一个国家基于对国际国内环境的客观、科学的分析,为实现其愿景,对一定时间段内的发展目标、方法、手段等的谋划。

因此,我们实际上可以依据西方企业战略管理理论的模式,根据政府部门制定战略规划一般规律,对我们所称的"战略规划"的构成作一界定,并且我们认为这种界定是极具实践意义的。

——愿景:"发展"最终要实现的价值。对于企业来讲,其包括利润最大化、做大做强等;对于国家来讲,其往往体现为类似于数字中国、美丽中国、经济强国等的提法。

——形势:对于企业来讲,其是对"发展"外部环境、内部条件优劣的评估。它既关系到战略目标的合理提出,也关系到企业实施战略的手段。对于国家和政府部门来讲,就是对国内外、区内外的发展环境的分析研究上面,辨析有利于发展的因素和不利于发展的因素等(表1-1)。可以说一个战略规划的成功与否在很大程度上取决于对形势的判断是否准确。

表1-1 中国共产党对发展形势的若干判断

文献	形势判断
《十六大报告》	21世纪头20年,对我国而言,是一个必须紧紧抓住并且可以大有作为的重要战略机遇期
《党的十七届五中全会》	我国发展仍处于可以大有作为的重要战略机遇期
《十八大报告》	综观国际国内大势,我国发展仍处于可以大有作为的重要战略机遇期
《中共中央关于制定国民经济和社会发展第十三个五年规划的建议》	综合判断,我国发展仍处于可以大有作为的重要战略机遇期,也面临诸多矛盾叠加、风险隐患增多的严峻挑战

——目标:服从于企业或者国家所追求的愿景,在一段时间内要实现的能力或者达到的状态,例如"到2020年人均收入翻两番"就是一个目标。

——任务:达到既定目标需要完成的具体的工作任务。一般需要一定的资金支持,需要通过某种方式配置资源才能完成。

——布局:一般指"发展"事项在地理空间上的具体安排方案。

——政策:完成既定目标需要研究制定的政策支撑。在战略规划中,一般仅仅提出政策规定的设想或者计划，而政策具体内容的研究和制定往往作为单独工作项目开展。

除上述基本内容外，还应当对战略规划的实施策略做出规定。在我国其一般体现为战略规划文本中的一个章节。但是，由于我国在这方面的探索刚刚开始，再加上我国现行体制存在的部门分割等问题，其实际效果还有待提高。

第四节 战略规划分类及政府战略规划

4.1 战略规划的分类

战略规划可以按照不同的标准进行分类，分类的方法也有很多。不同的分类方法适用于不同的目的。

西方企业战略管理一般将战略分为两类。一是竞争性战略，即创造竞争优势，并使竞争优势得以长久维系的普遍原则，它有五个核心要素：具有独特的价值取向、特定的价值链、有别于竞争对手的取舍抉择、价值链的协调性、时间上的连续性[①]。二是发展战略，将战略规划主题聚焦发展，是关于发展目标、发展政策、发展措施的一系列安排。

按照战略规划所涉及的事务的不同性质，可以将战略规划分类为公共事务战略规划和非公共事务战略规划。在这一分类基础上，还可以进行细化。2005年国务院印发《关于加强国民经济和社会发展规划编制工作的意见》，将公共事务战略规划按照行政层级分类为国家级规划、省（区、市）级规划、市县级规划。

按对象和功能类别可以分为总体规划、专项规划、区域规划等。

按照规划周期，可以分为中长期规划、短期规划和年度计划，也可以分为十年规划、五年规划等。

按照规划内容的详细程度，可以分为规划纲要、总体规划、专题规划和项目规划等。

---

① 琼·玛格丽塔，著（蒋宗强，译）：《竞争战略论——一本书读懂迈克尔·波特》，中信出版社，2012。

按照具体规划对象，可以分为工作规划、建设规划等。工作规划是近几年新出现的一类规划，是对一个时期内某一类相关工作的总体安排。例如中共中央于2008年印发的《未来五年反腐败工作规划》，2013年中共中央印发《建立健全惩治和预防腐败体系2013—2017年工作规划》等。建设规划是关于某一领域经济建设任务的安排规划，按照国务院有关规定，建设规划承担安排建设项目，配置建设资源，为促进经济发展，改善经济发展环境，对需要进行的基础设施等方面的建设项目进行通盘考虑的一类规划。

4.2 政府战略规划

我们在讨论战略规划的分类过程中，按照规划所涉及事务的不同性质，曾经提及公共事务战略规划。所谓公共事务，在现代社会中，是与私人事务相对应的，一般是指使全体社会公民收益的服务，主要由政府提供。因此，公共事务战略规划，一般由政府制定并用来约束（或者指导）政府日常工作，促进政府工作聚焦于某一发展目标，并为此配置资源。在本书中，我们称这一类战略规划为政府战略规划。给出政府战略规划的定义如下：

> 政府战略规划是战略规划的一类，是政府部门履行政府职责，做好日常工作的依据和抓手。政府部门通过加强政府战略规划管理，从"促进社会公平正义，增进人民福祉"等价值追求出发，结合自身职责要求，持续开展对政府工作规律的研究探讨，不断总结工作，滚动制定工作规划，保证政府工作始终坚守政府价值追求。

与其他战略规划相比，其具有如下特点：
1) 制定规划的是代表全社会利益的政府及其组成部门。
2) 规划对象是经济社会发展全局或者某一个领域。在市场经济完善的国家，规划的重点是市场失灵，需要由政府提供公共服务的领域。
3) 规划的实施一般由政府部门组织社会各界甚至全体人民共同完成。
4) 其一般属于发展战略规划，即主要围绕"发展"主题明确发展方向、目标和任务，竞争性特点相对较弱。在国家层面，尽管在国际发展环境研究中也会关注各国比较优势问题，但是，一般也仅仅将其作为"发展"的一个因素来对待。

5）对于我国这样一个大国来讲，国情复杂，人口众多，需要有一个战略规划体系来对发展事务做出安排（图1-1），其中一些战略规划主要涉及发展趋势和发展方向的把握；一些战略规划主要涉及国土空间的合理利用和生产力空间布局的合理优化；还有一些战略规划主要涉及不同领域的发展问题，对具体任务做出安排等。同时在这些不同规划之间建立起必要的联系机制，使其构成一个整体，共同对经济发展各项事务做出安排。这就是我国总体规划、专项规划、区域规划的由来。

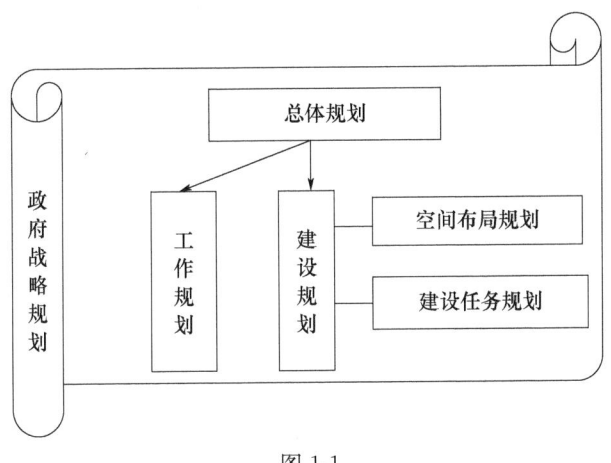

图1-1

在我国，逐步摆脱计划经济的樊篱，不断深化改革，逐步实现发挥市场在资源配置中的决定性作用这一目标，建立起完善的社会主义市场经济，在相当长的一段时间内，还必须充分发挥政府的宏观调控作用，主要通过政府的战略规划管理。一方面，履行政府提供公共服务的职能；另一方面，通过运用一系列政策工具，对市场主体的宏观行为进行合理调控，并通过市场主体的行为促进经济的增长，不断提高人民的福祉。可以看出，当前在我国，政府战略规划所涉及的主要领域，是除各类市场主体的微观经济活动，也就是企业内部的战略管理领域之外的所有领域，对既包括军事、国防、环保、生态、社会、外交等公共服务领域，也包括作为社会成员之一的市场主体的宏观经济活动规律的把握与研判。

——关于宏观经济活动的战略把握。市场经济国家,众多企业是促进经济增长的核心力量,甚至是全部力量。伴随着市场的发展和成熟,作为市场主体的各类企业的决策、管理活动在遵守法律的前提下越来越独立,政府必须越来越"尊重企业的自主经营权",越来越不应直接干涉企业的微观经营活动。因此,在政府战略规划实践中,研究市场发展规律,搞好与市场主体的关系,推动市场向更加具有效率、更负责任、更加公平的方向发展是政府战略规划的一项主要任务。

　　——关于针对政府公共服务的战略规划工作。从目前的情况来看,政府公共服务由政府直接配置资源,并主要由政府所属事业单位负责具体实施[①]。我们可以将政府公共服务分类为两类:一类为基本公共服务,包括基本公共教育、劳动就业服务、社会保险、基本社会服务、基本医疗卫生、人口和计划生育、基本住房保障、公共文化体育、残疾人基本公共服务等[②]。另一类为生产性公共服务,包括基础设施建设、信息资源开发利用、政府信息化等,一般由政府先行建设,以进一步改善经济发展环境,方便市场主体的各类经济活动。

---

　　① 2013年国务院印发了《关于购买公共服务的意见》,意味着越来越多的市场主体有望参与政府公共服务的实施和提供。

　　② 见《国务院关于印发国家基本公共服务体系"十二五"规划的通知》(国发〔2012〕29号)。

第二章
政府战略规划的内容框架

根据西方企业战略管理的一般理论来界定政府战略规划的内容，尽管具有实践上的指导意义，但是实际上是极为不完备的。对于企业而言，一个国家，或者一级政府，所追求的愿景、所处理的问题、所重点关注的事务是不同的。尽管一些专家提出企业不但要对资本负责，通过优化战略管理，追求利润最大化；同时也要对社会负责，树立一个良好的企业形象。或者说，企业不能为了赚钱而"丧良心"。但是，其最根本的任务还是要追求经济利益。一个国家或者一个政府所追求的愿景要较企业复杂、综合得多，追求经济发展，同时更加重要至少是同等重要的是追求社会公平、正义、稳定、文明以及人民的安居乐业等。对于国家而言，还包括国家的独立安全等。所以作为一种综合管理政策工具的战略规划，所包括的内容就会较企业战略复杂得多。

图 2-1 为政府及其部门适用的一个关于战略规划的内容框架图。本章各节将试图通过对图 2-1 各部分的解析，来粗略地梳理一下政府及其部门战略规划的主要内容应当有哪些。

第一节 愿 景

"愿景"这一词汇属于西方企业战略管理范畴。我国从事战略研究和规划工作的人们对这个词还较为陌生。作者十几年来一直在政府部门从事战略研究和规划工作，实践需要理论的指导，尤其是对于战略规划这种极容易误入形式主义歧途的工作而言。所以在日常实践工作基础上，作者广泛涉猎中国和西方战略规划相关文献，对于从西方舶来的"愿景"一词好感日增。在此基础上，对于政府部门战略规划工作中的"愿景"的内涵及其对于做好政府战略规划工作的启迪意义进行了研究和总结。

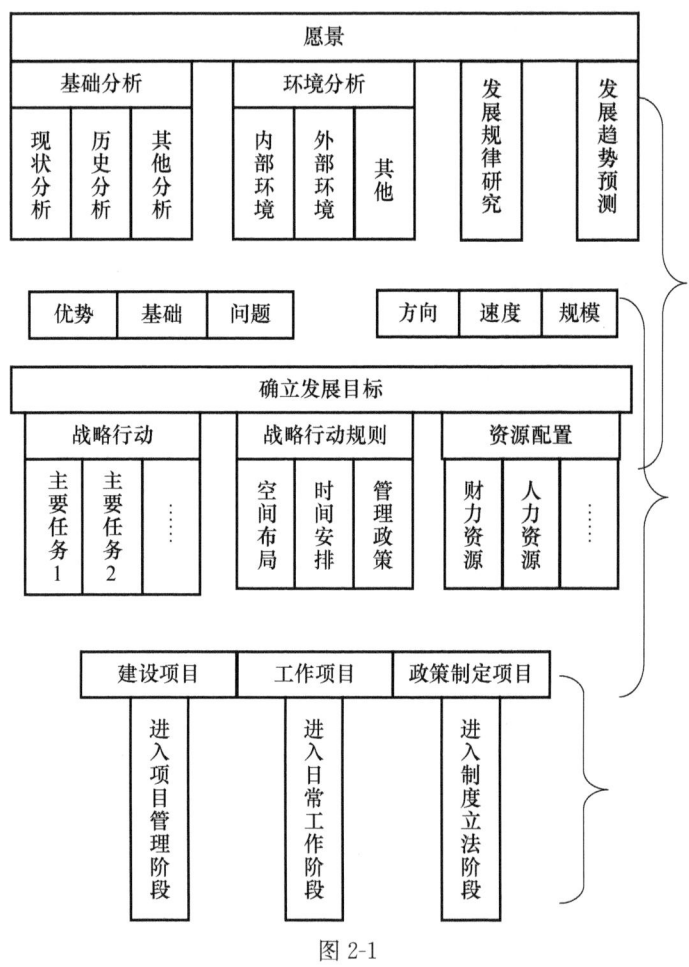

图 2-1

1.1 "愿景"的内涵

所谓"愿景"，对于本书研究对象而言，与政府部门的职责有关，是政府机构作为一个组织对于其职责范围内的事项所希望达到的状态。类似于一个自然人的"愿望"（但还是有区别），也类似于数学上的"数学期望"。

在这一定义中，有两个关键的词汇需要特别注意，第一个词语是"事项"。这里的"事项"需要符合以下条件：

第一，"事项"必须是政府部门"职责范围内"的具体业务，超出了政府部门的职责范围的业务不在此列。

第二，"事项"一般应当是政府部门职责范围内的"主体"业务。一般地，政府部门的业务有许多种，例如法定职责所规定必须开展的业务，为履行法定职责需要开展的其他业务，为政府部门日常运转所必须从事的与"柴、米、油、盐、酱、醋、茶"相关的业务等。所谓"主体"业务，一般是指履行法定职责必须开展的业务。

第三，鉴于政府部门履行其法定职责，需要开展的具体"事项"有多种、多个，也就是说，政府部门职责与其具体"事项"之间构成 1：n 的关系，而对于每一事项，政府部门均可以制定"愿景"。所以，一个政府部门可以有多个针对不同事项的"愿景"。

第二个词语是"希望达到的状态"。把握这一词语的本质，需要把握如下几点：

第一，这一"状态"与其履行政府职责的需要相适应。这也是在战略规划研究工作中，开展"需求分析"十分重要的原因。

第二，这一"状态"是可以达到的。经过一段时间，在政府部门及其他关联单位持续采取有效措施的前提下，这种"状态"是一定能够看得见的。

可以看出，所谓"愿景"，由两个要素组成，一是作为战略规划对象的政府职责内的某一"事项"；二是政府部门希望这一事项达到的"状态"。鉴于在实际工作中，"愿景"一般会用类似于口号式的语句来描述，所以，判断一个口号是不是"愿景"的一个标准，就是看其是否包括这两个要素。在讨论"愿景"的过程中，还有一个问题必须澄清，即"愿景"与"目标"的区别。从上面的分析可以看出，实现"愿景"没有时间限制；而实现发展"目标"是有时间限制的。或者用一句话概括两者的区别，即"发展目标是关于某一具体时间段的愿景"。

西方企业战略理论对于企业愿景的表现形式有相当精细的描述，一般企业会用一种口号式的语言来表述，也有一些企业会用一段极具煽动性、激动人心的话来描述。我国一些企业也正在逐渐形成自己的战略、愿景等。对于我国政府部门来讲，"愿景"的表述与我国政府常提的"旗帜"可以对应，因此，"中国特色社会主义"等均属于我国国家层次的"愿景"。另外一些例子包括美丽中国、社会主义和谐社会、社会主义文化强国、科技强国等。

1.2 "愿景"的作用

从前面的讨论可知，对于政府部门或者政府机构的战略规划工作来讲，"愿景"十分重要。其重要性表现为"愿景"是一切战略规划工作的出发点，其对整个战略规划工作具有约束和指导作用。形象地说，"愿景"为战略规划工作划定了边界，确立了一个大的原则，战略规划工作不能跑出"愿景"所划出的这个"圈"。正如我们在图2-1中看出的，将"愿景"置于图的顶层，表明其对整个战略规划工作的总控作用。

当然，这一讨论仅仅是从一般意义上，有将西方企业战略思想生搬硬套在中国的国情之下的嫌疑。但是在我们借用"愿景"一词，来讨论中国特色国情下——当然主要是在中国特色社会主义制度之下的战略规划工作时，其是否真的对我国的战略规划实践具有指导意义呢？政府部门的战略规划工作者是否可以从我们的讨论中获得一点启迪呢？答案是肯定的，关键是要正确理解我们在前面讨论中给予"愿景"的两点定位：一是战略规划工作的出发点；二是给战略规划工作画了一个"圈"。为了理解这一点，我们可以将"愿景"与战略规划研究制定工作之间的关系想象为我们在考试中所遇到的"问答题"，用"愿景"问，靠深入的战略规划编制工作来回答。在这一"问答"关系中，确定了"愿景"，也就意味着为战略规划工作出好了题目。相关例子见表2-1。

表 2-1

序号	愿景	问题	回答
1	建设科技强国	在现有条件下如何将我国建设为一个科技强国	研究制定"科技强国建设战略规划"。基本步骤是：分析国际国内科技发展趋势、现状及比较优势，研究制定出科技强国的指标体系，分析我国发展科技事业的内外有利与不利因素（人才、政策、体制机制、投入等），判断我国实现科技强国目标所需要的时间。在此基础上将"建成科技强国"作为总目标，将实现这一总目标的可能时间作为规划时段，根据我国国情分为若干阶段，制定分阶段目标，明确主要建设、发展、改革、制度建设等方面的任务，最后对战略规划实施方式、资源配置方式等事项进行规定。最终经过反复论证、研究、征求意见后付诸实施
2	促进经济发展，满足我国人民日益增长的美好生活需要	如何促进我国经济发展，最终满足人民日益增长的美好生活需要	以"满足人民日益增长的美好生活需要"为出发点制定相应战略规划。基本思路是：分析我国人口规模、结构、增长等要素，测算对粮食、居住等物质需要，根据国际发展现状研究我国人民生活文化需要的基本内涵，依次为依据分析我国当前文化建设和经济建设等的现状及问题，根据第一行中的具体步骤研究制定相应的战略规划并付诸实施
3	建设廉洁政府	中国共产党领导下如何建设廉洁政府	对廉洁政府的具体指标、廉政有效制度安排进行理论探讨。分析我国廉政建设的现状及问题，研究当前我国腐败发展规律及主要原因
4	建设美丽中国	如何建设美丽中国	首先明确美丽中国与生态文明建设有关。接着分析我国资源环境生态现状及挑战，研究生态文明制度体系，制定资源、环境相关规划
5	形成适应中国特色社会主义事业的测绘地理信息事业	在目前情况下，如何根据中国特色社会主义事业的需要推动测绘地理信息产业的发展	制定"测绘地理信息事业发展战略规划"，要回答如下问题： 1）中国特色社会主义事业对测绘地理信息事业发展的要求和需求是什么？ 2）目前我国测绘地理信息事业发展状况如何？与需求相比有何差距？ 3）影响我国测绘地理信息事业健康发展的有利和不利因素是什么？ 4）新的技术、需求、政策环境下如何把握测绘地理信息事业发展方向和重点？ 5）促进我国测绘地理信息事业区域之间协调发展的主要措施有哪些？ 6）新时期测绘地理信息事业主要发展任务、改革任务有哪些？ ……

在表 2-1 中，我们共举了 5 个例子，分别表述了其"愿景"，将"愿景"如何转换为"问题"，利用战略规划又如何回答这一问题。需要说明的是，表 2-1 中的内容纯粹是示意性的，没有过多地考虑具体内容是否科学。从表 2-1 中，我们还可以看出，5 个例子是不同的。按照西方战略规划理论，例 1 中要回答的问题是如何建设"强国"的问题，而"强国"的标准，不能靠本国在不同发展阶段的相互对比获得，而只能横向与世界其他国家进行比较才能判断，因此，例 1 提出的战略规划工作属于竞争性战略规划。例 2、例 4 和例 5 均从满足需求的方面涉及"发展"问题，因此，这 3 个例子所示意的战略规划工作隶属于"发展"主题的战略规划工作，需要详细、准确并且客观地开展需求分析。三者之间的区别仅仅是其所涉及的规划范围不同：例 4、例 5 相对具体一些，战略规划工作相对较容易；例 2 涉及面更广，战略规划工作的难度也更大。例 3 则属于另一种范畴，是对一定阶段内工作进行部署的战略规划工作，其基本不涉及经济建设等方面的任务，重点是围绕总体思路对年度工作的统筹安排。

第二节　形势分析

图 2-1 已经表明，形势分析工作是整个战略规划工作的第一步，要通过这些分析工作，分析优势。根据上一节的讨论，战略规划工作是一项带有预测性的工作，只有对发展趋势、发展规律预测得准确，才能确立正确的发展方向，才能制定出正确的发展策略，探索出正确的发展路径，也才能保证任务布局得当、政策措施合理。而要准确预测发展趋势，就必须对发展基础、发展环境进行深入的分析。所以说，战略规划工作是以准确把握发展基础、找准发展问题、摸清发展规律为前提的。

如图 2-1 所示，形势分析共包括四项基本工作，即基础分析、环境分析、发展规律研究和发展趋势预测。每一项工作均对确立发展方向、明确发展重点具有决定性影响（图 2-2），因此也均对战略规划后期工作有重要影响。

基础分析的重点内容是对规划对象到当时的发展现状进行全面梳理总结的过程。发展具有连续性特征。一个阶段的发展是以上一个阶段的发展成果为基础的，是站在"巨人肩膀"上的发展。因此，要做好某一个阶段的战略规划工作，就必须首先弄清楚这一"巨人的肩膀"到底有多高、承重如何等。这就是基础分析的出发点和落脚点。

研究发展基础，重点是要通过深入调查研究工作，对已有的基础进行总结，也就是对当前"已经有了什么"做出客观公正的评估。同时，找出制约发展的关键问题，也就是要找出"还欠缺什么"。对于已有基础的总结和评估，尽量采用调查的方法，尽可能全面地收集相关现状数据，并对数据进行认真分析总结和提炼。现状评估结果应当尽量采用量化的指标来表述，如果实在不能量化的，也要用简练、明确且准确的语言描述清楚。

关于问题的分析，应当从两个层次上去分析，一个是"问题是什么"，另一个是"为什么会存在这一问题"。

环境分析的主要任务是分析研究影响发展的各类环境因素。一般地，影响发展的因素有多种，可以从不同的角度对其进行分类，从而便于更加准确地把握各类因素的变动规律及其对于发展的具体影响。竞争性战略的追捧者一般从两个方面对发展环境进行研究：一是内部环境，是指规划对象内部各类因素的相互关系和对发展的影响。对于一个企业来讲，内部分析的主要任务是了解企业自身在本行业内所处的相对地位，具有哪些资源以及战略能力，与企业有关的利益和相关者的利益期望，在战略制定、评价和实施过程中这些利益相关者会有哪些反应，这些反应又会对规划对象产生怎样的影响和制约，等等。对于一个国家来讲，就是要了解本国国情，包括文化、经济、民族、土地等因素。二是外部环境，主要是指与规划对象发生联系的非规划对象本身的一些因素，对于企业来讲，主要包括企业所处的环境（包括宏观、微观环境）正在发生哪些变化，这些变化给企业将带来更多的机会还是更多的威胁等。对于国家来讲，主要表现为国际发展情况的分析。以内部环境和外部环境为切入点的战略规划环境分析工作一般为制定竞争性战略规划制定工作所采纳，主要目标是要找出规划对象的竞争优势，以便在竞争中取得胜利。

重点关注发展（一般被称为发展规划。该类规划当然也关注竞争，但是发展质量、发展速度等是第一位的）的战略规划对环境分析一般会采取另外的切入点，或者说，对发展环境因素的分类方法不同。例如有关的政策、技术、人力资源供应等。不同领域或者不同专题的战略规划，需要重点分析的环境因素是不同的。例如区域发展战略规划重点要对不同区域的自然、环境、人文、社会等特点进行分析,而高技术产业发展规划则要重点分析当前国际国内高技术发展趋势以及我国高技术在推动经济发展中的作用大小和作用方式。

作者长期从事测绘地理信息战略规划编制及管理工作,在编制相关战略规划工作中,针对当前测绘地理信息工作特点,环境分析工作重点包括如下几个方面:

一是技术环境。测绘地理信息本身是一项技术工作,近几年信息技术与测绘技术高度融合,促使传统测绘持续转型。因此,在探索测绘地理信息发展规律,把握方向过程中必须研究技术环境的问题,分析哪些新技术可以促进这一事业的发展,哪些新技术的应用有可能取代测绘地理信息业务等。尤其是伴随着全球化的深入,美国等西方发达国家持续在技术上取得领先,他们依靠其先发优势,近来持续对我国市场进行渗透,我国应当对此采取何种对策,需要通过深入把握国际技术发展趋势来最终研酌。

二是政策环境,包括体制环境、法律环境、各级政府经济发展总体规划、国家有关政策要求等。对于测绘地理信息领域来讲,国家经济社会总体规划、国家高技术产业发展政策、战略性新兴产业政策、国家信息化发展政策、市场化发展政策、国家保密相关法律等均对测绘地理信息事业的发展具有规范作用,并产生影响。在制定测绘地理信息发展规划时,应当对相关政策进行专题研究,细致分析各类政策对测绘地理信息发展所带来的正面和负面影响。2007年,国务院曾印发《关于加强国民经济和社会发展规划编制管理的意见》,其中要求在规划编制工作中,要以适当的方式做好规划之间的衔接。其实这种衔接不能仅仅限于规划之间,或者战略规划之间,而应当将编制好的战略规划与相关政策和战略规划进行衔接。并且,这种衔接工作不应当在战略规划编制完成后,而应当提前,放到前期研究阶段,作为专题研究题目进行深入研究和总结。

三是需求环境。这是测绘地理信息战略规划编制过程中需要重点考虑的问题。根据《中华人民共和国测绘法》,测绘地理信息工作为国民经济和社会发展提供基础性、公益性服务。在战略规划编制的过程中,如果不进行深入的需求分析,对需求环境没有一个准确、深入、全面的把握,也就难以搞清楚测绘地理信息所谓"基础性、公益性服务"的服务对象是谁,以及该向服务对象提供什么服务等。如此,战略规划任务和相关措施的确定也就缺乏相应的前提,测绘地理信息战略规划工作也就无从开展。实际上,目前,在我国战略规划工作实践中,尤其是政府战略规划工作,对于需求的分析和把握一直就是一个薄弱环节。由于这一原因,我国政府部门战略规划工作,"拍脑袋"定任务、定政策的现象仍然是存在的。

如图2-2所示,发展规律的研究是我们明确发展方向、确立发展目标的前提和基础。准确把握规律,就是要深入分析发展趋势,明确发展速度,并从需求、能力等方面出发,估计研判事业规模,从而为确立发展方向、目标,布局发展任务,配置发展资源奠定基础。

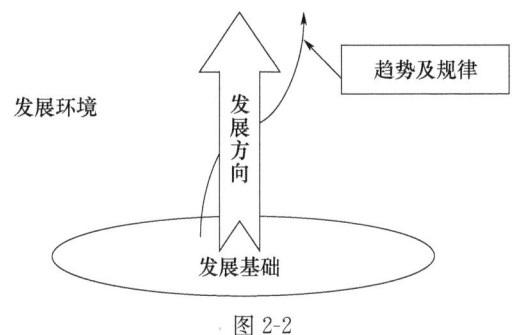

图 2-2

根据图2-1,经过上述分析,明确发展优势、发展基础,明确需要解决的问题,并对发展方向、发展速度等做出估计和判断。

第三节 目标及任务布局

前述形势分析部分是一项广泛而深入的调查研究工作,是所有后续战略规划工作的基础性工作。形势分析是否全面、准确、深入,关系到后续所确定的发展目标、任务布局、政策措施是否得当,也关系到整个战略规划制定得是否科学。因此,形势分析工作需要发散性思维,需要解放思想。目前在决策科学中所特别强调的战略思维,也大多体现在这一工作阶段。接下来的工作也就是本节所要重点讨论的"目标及任务布局"工作,尽管也需要进行深入的理论分析和研究,但是工作重点已经转移到对前述形势分析成果的准确把握和应用上,是从前期形势分析成果提取核心内容,并步步聚焦的工作过程。

3.1 发展目标

"目标及任务布局"工作可以区分"发展目标"及相关任务进行分别描述。

对于"发展目标",可以从两个方面来把握。一是将"发展目标"理解为是在一定时间内的发展方向及其速度、规模等,也就是一定时间内规划对象发展的最终状态描述。其中,"一定时间"表现为战略规划期,其可以是固定的,例如五年规划、十年规划;也可以是变化的,例如根据规划对象的发展规律合理确定的规划期。"发展方向"表现为规划对象发展的总的趋势,在一般的战略规划实践中可以分两个层次对这一趋势进行描述:一是对规划对象总趋势的预测;二是分不同的方面对规划对象各个部门的发展方向进行描述。

图 2-3 为发展目标、发展趋势、发展方向三者之间的关系示意图。

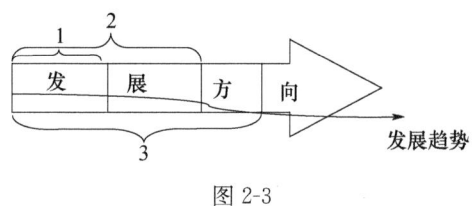

图 2-3

图 2-3 表示了一个规划对象的发展趋势、发展方向和其 3 个不同发展时期的发展目标(在图中用序号 1、2、3 表示)。其中,根据前面的分析,这一规划对象的发展趋势是客观存在的,需要我们在进行形势分析时通过深入调查研究和细心的推理论证来把握。在准确把握发展趋势的基础上,我们制定出发展方向。由此可以看出,发展方向是主观的,不是客观的,是我们"想"把这一业务向前推进的"前进方向"。而发展目标是在确立了发展方向的基础上,顺着发展方向,对一定时间段内这一业务发展状态的预测和期望。图 2-3 中,在同一发展方向上确立了 3 个阶段的发展目标——目标 1、目标 2、目标 3。对图 2-3 中发展趋势、发展方向和发展目标之间的关系进行进一步研究,我们还可以推定,发展目标实际上是在发展方向的基础上增加了"量"的概念,或者说增加了"规模"的概

念。例如，假如我们要通过战略规划工作确定"目标 1"：首先要描述出发展方向；其次要对目标所涉及的阶段起始状态进行定量化，综合考虑资金、人力等各项可行性因素和社会需求等必需因素，对阶段末期的发展状态各项指标进行估计。将这种方向因素和发展规模因素进行综合表述，即发展目标，用关系式表示如下：

发展目标＝发展方向＋发展规模

其中，发展规模有两种表达方式：一种是增量方式，也就是规划阶段内业务增加量；另一种是总量方式，也就是规划期末的发展总的状态。但是无论哪种表达方式，均应当具有量的概念。从关系式中可以看出，在发展方向明确之后，如果要使我们所确定的发展目标合理，就必须十分慎重地对发展规模做出估计，而这又与发展速度的估计有关。一般地，发展速度至少与如下三个因素有关：

一是政策环境的成熟程度。政策环境成熟与否直接关系到发展速度，从而影响对发展规模的评判。

二是资源配置的合理程度。资源配置直接关系到能够用于发展的资源量和效率，从而直接关系到发展速度，进而会对发展规模带来影响。一个极端的例子是，在战略规划确立发展目标并为此确立了资源配置方式后，由于天灾人祸，原有的资源配置不能到位，原来列入战略规划的事项的"发展速度"变为零，从而不得不对发展目标做出调整。

三是需求因素。我们所从事的各项业务均是社会性的，一项业务之所以会得到重视并迅速发展，关键是其他业务对它存在需要。因此，"是否满足需求"一般也会成为我们确定发展目标的一个重要因素，也正是因为如此，在实际工作中，有时为了满足某种需求，我们一般会确定一个"跳一跳就能够摸着"的发展目标。

关于对"发展目标"描述方式，我们用一个实例来描述，参见专栏 2-1。它是由国家测绘地理信息局会同有关部门于 2010 年印发的《全国基础测绘"十二五"规划》对目标的描述模式。

> **专栏 2-1　《全国基础测绘中长期规划纲要（修编，2013—2020 年）》对发展目标的描述模式**
>
> 　　到 2020 年，……形成以基础地理信息获取空间化实时化、处理自动化智能化、服务网络化社会化为特征的信息化测绘体系，全面建成结构完整、功能完备的数字地理空间框架，满足经济社会发展对基础测绘的需求。具体发展目标为：
>
> 　　——现代化测绘基准体系建设方面，实现测绘基准的陆海统一和大地、高程、重力控制网的三网结合，建成新一代测绘基准体系。
>
> 　　——基础地理信息资源建设和更新方面，完成我国主张管辖海域范围内海岛（礁）测绘，实现基础地理信息资源覆盖全球，形成定期更新和按需更新相结合的基础地理信息更新机制和完善的基础地理信息共建共享机制。
>
> 　　——地理国情监测方面，形成较为完备的技术体系、生产组织体系及良好的运行机制，实现地理国情监测工作的业务化、常态化。
>
> 　　——地理信息公共服务方面，形成可靠、高效、及时的业务化应急测绘保障服务能力，建成较为完备的地理信息公共服务平台，全面完成县级及以上城市的数字城市建设，形成适用的基础测绘公共产品体系。
>
> 　　——信息化测绘体系建设方面，地理信息数据获取、处理、服务能力大幅提升，实现数据获取、处理、分析、服务等各环节基于网络的业务协同。

　　专栏 2-1 中对总方向的描述采用了两个术语，一个是信息化测绘体系，另一个是数字地理空间框架。这两个总方向又通过"现代测绘基准体系""基础地理信息资源""地理国情监测""地理信息公共服务""信息化测绘体系"五个方面分别论述。

　　从专栏 2-1 中还可以看出：整个规划对象的速度和规模等一般也用对规划对象各个构成部分的速度和规模进行描述。将"发展目标"理解为对各项任务的综合，也就是从工作任务和年度工作计划出发，通过不断自下而上、从微观任务到宏观目标的不断综合，形成发展目标的过程。

理论上讲，发展目标的确定必须基于对发展基础、发展问题等的深入分析和对发展规律的准确把握，并充分考虑可利用资源而最终平衡确定的一个发展目标。对发展目标进行进一步分解，形成各项任务。实际工作中，由于形势分析结果一般在日常工作中会有一些积累，一些需求明确，符合发展方向的发展任务事实上会在战略规划制定完成之前就已确定，因此，从实践层面看，通过对各项任务进行综合，形成发展目标这一做法也是有的。但是，要想形成符合发展规律的发展目标，必须从形势分析和任务综合两个方面同时切入。这样既能够保证发展目标所反映的方向正确，同时也能够对于规模和速度等数量指标有一个较为准确的估计，使发展目标的可操作性更强。

3.2 战略行动

发展目标确定之后，下一步就是要在此基础上进行进一步细化，确立实现发展目标的各项措施并为此配置资源，也就是要明确战略行动。

> 所谓战略行动，是指实现发展目标的各项措施和相应资源配置方式的组合。

战略规划工作实践中，战略行动又可以根据需要进一步开展工作的性质，分为战略子行动。在对当前我国战略规划实践进行总结之后所获得的印象是：这种战略子行动一般用"主要任务"和"政策措施"来表示。需要说明的是，"主要任务"和"政策措施"均是战略规划实施过程中需要落实的发展任务。所不同的是，"主要任务"是一般侧重于建设性的战略子行动，需要"流汗"实干才能落地；"政策措施"是制定政策、研究措施之类的战略子行动，一般侧重于文字性的、思辨性的工作，研究、动脑思考、写文章是其主要表现形式。这些不同仅仅是工作表现形式、工作成果形式等"形式"上的不同，对于战略规划来讲是一样的，均是实施战略规划的重要工作内容，缺少任何一项，战略规划均不能落地。

这里，作者之所以称为"印象"，主要是因为这种总结过于表面，没有触及战略行动的本质。这就好比当前在战略规划界特别流行的战略规划"八股"① 一样，只见树木，不见森林。为了做好这一工作，我们还是要探讨其形式背后的理论和逻辑。

我们拟利用图 2-3 对战略行动的本质进行解析。首先，在战略规划中之所以会设定"战略行动"这一内容，主要是为了方便战略规划实施计划的制定和对战略规划实施过程的管理。一个战略规划往往涉及广泛的内容，所确定的发展目标一般会很宏大。为实现这一目标所需要开展的工作也往往是千头万绪的，各项工作在时间的安排上也往往有先有后。因此，战略规划工作在确立发展目标之后，要围绕这一发展目标，进一步回答如下问题：

1）需要开展的工作有哪些？
2）是什么性质的工作？
3）工作计划如何安排？
4）这些工作由谁承担？
5）完成这些工作的人财物等资源如何配置？
6）战略规划管理者如何对完成工作的过程进行监督管理，如何对工作成果进行验收？
……

要回答上述问题，就必须围绕发展目标，设定战略行动。进一步给出战略行动的定义如下：

> 战略行动就是将战略规划付诸实施的相对独立的战略管理单元。

"相对独立"是指战略行动便于组织或者便于管理的特性。由此，一个战略行动，必须至少包含以下要素：

1）战略行动内容，即需要开展的主要工作；

---

① 所谓战略规划"八股"，是作者用来特指战略规划只求"现状问题—指导思想—基本原则—发展目标—主要任务—政策措施"的一种形式上的完美统一，而不求其理论本质，不与时俱进加以修正的一种形式主义的做法。

2）战略行动的执行者，或者战略行动分工；

3）战略行动的资源配置方式，也就是人财物如何筹措。

因此，一个战略行动之所以成为行动：第一，必须相对独立；第二，必须有完整的内容；第三，必须有执行人或者行动人（自然人或者法人）；第四，必须有相应的资源配置方式。

3.3 战略任务

如图 2-4 所示，将战略目标细化为战略行动，其主要目的是要便于对战略实施过程进行管理。但是，从提高战略规划的可操作性方面看，这仅仅解决了部分问题，还有许多问题有待解决。一个战略行动往往并不总是能被完美地执行，可能包括以下几个方面的原因：

1）战略行动内容太庞杂，规模太大，不便于做出实施计划，不能将其作为项目进行执行；

2）战略行动内容太庞杂，需要参与战略行动实施工作的部门或者单位包括多个，难以组织和协调；

3）战略行动内容复杂，保障战略行动实施的人财物等资源配置方式多样，难以通过一个部门或者有限的部门协调配置。

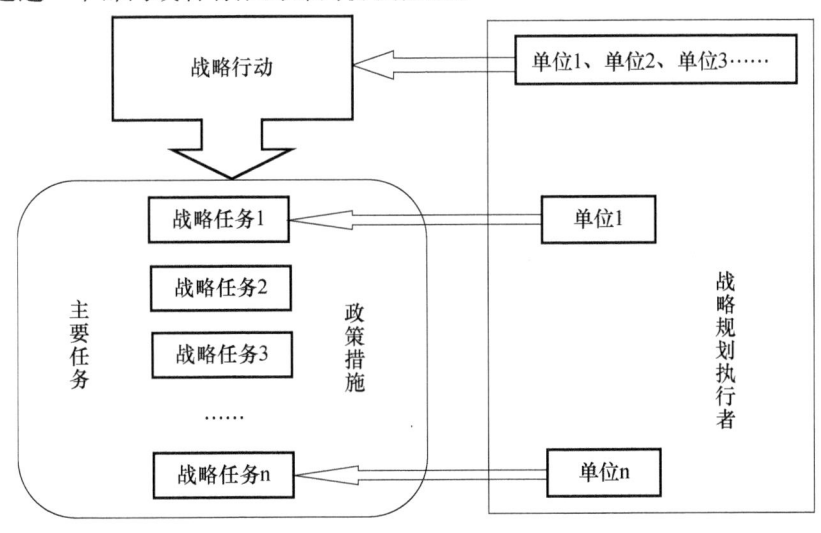

图 2-4

因此，实践工作中需要对战略行动进行进一步细化，形成不同的战略任务。

> 所谓战略任务，是指在战略行动的基础上，将战略行动中联系紧密、可以并行执行的行动内容进一步包装为一体所形成的建设内容集合。

在目前我国战略规划实践中一般将其进一步归类为主要任务和政策措施。

从内涵上讲，"战略任务"与"战略行动"相类似，均要求具备相对独立性、明确的内容、执行人和资源配置手段。但是两者之间区别明显：一是侧重点不同。战略行动侧重于方便对战略规划进行管理，而"战略任务"则更侧重于提高战略规划的可操作性和可执行性。二是执行者的不同。在战略行动的确立过程中，尽管也考虑未来将"由谁承担"的问题，但是，限于一个战略行动一般包括数个战略任务，这些战略任务之间尽管有联系，但彼此又是相对独立的个体，因此，一个战略行动往往需要由数个单位或者数个部门联合在一起的"联合组织"来执行。所以，战略规划在明确战略行动的执行者时往往仅能明确其方向，而不能将这一职责落实到某一个单位。到了"战略任务"这一层次，从提高战略规划的可操作性角度考虑，就需要明确完成这一战略任务的具体承担单位。如图 2-4 所示，假如战略行动由单位 1、单位 2、单位 3 等完成，那么作为这一战略行动的一个子行动——战略任务 1 就需要由单位 1 承担，战略任务 2 就需要由单位 2 承担，等等。三是在资源配置上面，战略行动仅仅需要明确资源配置的方式，而战略任务除了要服从战略行动的资源配置方式外，还要进一步明确更加具体的操作方式，并对资源需求量有了一个大约的数量概算。

在将"战略行动"进一步分解为"战略任务"的过程中，还有两个问题需要注意：第一，如图 2-4 所示，在根据战略行动内容之间的相互关系确立战略任务的时候，为了保持战略行动的完整，必须考虑战略任务之间的关系，也就是如图 2-1 所示中的"战略行动规则"中的内容。一般地，其包括两个方面的关系，即空间上的分布关系和时间上的先后关系。空间分布比较好理解，就是同一战略行动中的不同战略任务在空间上的布局。时间关系主要表现为为了保持战略行动的完整性，各项战略任务的先后顺序。第二，战略任务的分类问题。既然一个战略行动能被分为一个个的战略任务,这本身就说明,战略任务之间是不同的。进一步的研究表明,战略任务之间也是可以被分类的,政府部门的战略规划中,一般将其分为"主要任务"和"政策措施"。这是一种较为常见的分类方法。其中,"主要任务"一般是指直接进行开发建设的战略任务,具有明确的资源投入、过程控制、产出的产品及服务等;"政策措施"则是为了对某种事务进行调节而制定的规则等,政府层面一般包括需要颁布实施的法律法规、需要出台的政策、需要研究制定的标准规范以及需要建立健全的运作机制等。对此后续章节还将详细论述。

3.4 战略规划项目

战略规划项目是组成一个战略规划的最小的逻辑单元,其服从于战略方向、战略目标、战略行动、战略任务,由战略任务的进一步细化、具体化而形成,一个战略规划,只有其成功明确了战略规划项目,才是可执行的。图2-5是"战略行动—战略任务—战略规划"项目的关系示意图。如果从上往下看图2-5,可以看出,一个战略行动可以由若干个战略任务组成,同时,一个战略任务又可以分解为若干个战略规划项目。而如果从下往上看图2-5,可以看出,一个战略规划项目可以是由多于一个战略任务细化而来,例如图2-5中战略规划项目1是分别抽取战略任务1和战略任务2中的部分内容,包装而成。由此:(1)战略行动与战略任务可以形成1:n的关系;(2)战略任务与战略规划项目可以形成n:n的关系。

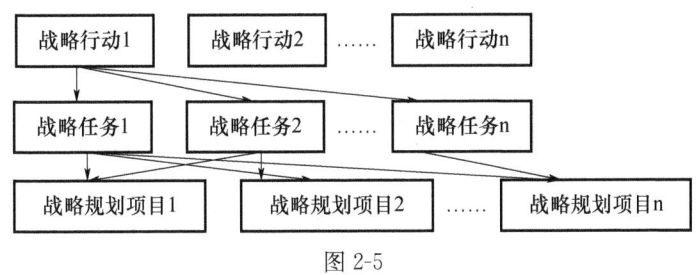

图 2-5

既然我们将战略规划项目与战略任务进行了区分,那么其内涵上就会有差别。本书后面几章还会对这些差别进行系统化的讨论。但至少有一点明确的是,项目是可执行的，是一次性的。项目是指在一定的约束条件下（主要是限定时间、限定资源），具有明确目标的一次性任务，是一系列具有特定目标，有明确开始和终止日期，资金有限，消耗资源的活动和任务[①]。从研究战略规划的角度看：

> 战略规划项目就是将战略任务的主要内容与完成这一战略任务所需要的资源进行配置的机制。它具有明确的项目内容、明确的实施途径（单位、地点）、明确的人财物资源配置需求及方式、明确的产出预期以及明确的计划安排等。

---

① 见百度百科"项目"词条。

第三章
政府战略规划的表现形式、特点及作用

在第二章，我们将讨论的重点放在了政府战略规划的内容上，明确了形势分析是什么，发展思路如何被确定并描述，战略目标的真实内涵等。并且，围绕战略目标，讨论了如何确定战略行动、战略任务直至战略规划项目。本章将从另一个角度开始我们的讨论，也就是说，更多地从形式等方面对战略规划做一探讨。

第一节 战略规划体系

我国现行战略规划实践工作十分重视战略规划体系的设计和布局。自从我国开始社会主义市场经济的建设和探索以来，伴随着中长期计划，特别是所谓"五年计划"或者"十年计划"在经济发展和宏观管理中角色的不断转轨，过度注重定事的"计划"思维逐步让位于注重定思路的"战略"思维，在经济领域长期占据核心地位的"计划"一词也逐步被"规划"取代。战略规划在经济发展中的作用逐渐获得认可，其推动经济有序发展的方式、机理以及效果也在以不同的方式探索之中。

作者经过梳理发现，我国的五年计划编制制度大约终止于21世纪初。之前，国家每五年编制以类似于"国民经济和社会发展第×个五年计划纲要"为题目的国家总体计划，行业部门在这一总体计划的指导下，针对行业发展，组织研究编制行业发展计划，对本行业五年内的发展思路和重要事项做出安排。同理，各地区也按照这一总体计划的要求，针对本地区的发展，组织编制本地区发展计划。

例如，国家测绘局曾先后编制完成"测绘事业发展'九五'计划纲要""测绘事业发展'十五'计划纲要"等。2006年开始，伴随着我国第十一个五年经济发展规划期的开启，国家将"五年计划"改名为"五年规划"，编制了《中华人民共和国国民经济和社会发展第十一个五年规划纲要》，行业、地方随之亦开始变化，至少从形式和名称上开始编制五年规划。例如，国家测绘局从"十一五"开始，将原先的"五年计划"改为"五年规划"，编制完成《测绘事业发展第十一个五年规划纲要》和《全国基础测绘中长期规划纲要》。进入"十二五"后，又编制完成《测绘地理信息"十二五"总体规划纲要》和《全国基础测绘"十二五"规划》，以"规划"的方式和思维对测绘行业的发展做出总体安排。同时，重点关注"战略行动规则""空间布局"主题的专门规划，例如土地利用规划、城镇规划等（参见图2-1）也逐步被政府部门更加高度重视。伴随着我国法制工作的不断发展，这些规划的编制工作被逐步法制化。例如，《中华人民共和国土地法》规定："国家编制土地利用总体规划，规定土地用途，将土地分为农用地、建设用地和未利用地。"《中华人民共和国城乡规划法》规定："本法所称城乡规划，包括城镇体系规划、城市规划、镇规划、乡规划和村庄规划。城市规划、镇规划分为总体规划和详细规划。详细规划分为控制性详细规划和修建性详细规划。"至此，我国战略规划实践在横向上形成了以国家总体规划纲要、行业发展规划和专题规划组成的规划体系，而在纵向上则形成国家级、省级、市级、县级甚至乡镇级规划组成的规划体系，这表明我国战略规划的"体系化"任务完成。与此同时，规划数量多、作用有限、形式主义盛行的毛病也日渐突出。

为了改变这种规划过多、过乱现象，还战略规划的本来面貌，我国规划主管部门经组织深入研究，于2005年提出相关规范意见并报国务院。2005年国务院印发的《关于加强国民经济和社会发展规划编制工作的若干意见》（国发〔2005〕33号），其第一部分"建立健全规划体系"对我国国民经济和社会发展规划体系提出建立三级三类规划管理体系的原则意见。其主要内容是：

> 国民经济和社会发展规划按行政层级分为国家级规划、省（区、市）级规划、市县级规划；按对象和功能类别分为总体规划、专项规划、区域规划。

在此基础上，该文件对三级三类规划的具体含义以及负责编制的政府部门进行了规定。

国发〔2005〕33号文件是一个十分重要的文件。其在我国战略规划发展史上具有划时代的意义。主要表现在：

——第一次建立起战略规划编制制度，对战略规划在经济发展中的地位、作用、功能等进行了权威定位。由此，确立了战略规划在我国经济生活中的定位。

——第一次明确了战略规划体系[①]。所谓战略规划体系：第一，战略规划"体系"的"构成规划"得以明确；第二，各"构成规划"之间在功能、作用、内容等方面的相互关系得以明确；第三，保障战略规划体系作为"体系"存在的组织管理部门、各"构成规划"的编制实施主体等得以明确。

——第一次明确了各类战略规划在经济发展中的作用方式和范围，尤其是，这一文件创新性提出"专项规划"（其部分代替过去的行业规划）这一战略规划类别，并赋予"专项规划"在配置政府资源中的重大作用，解决了（至少是部分地解决了）长期以来行业规划难以实施、难以落地的难题。

在这一"意见"的指导下，我国战略规划的"体系"得到极大改观。总体规划、专项规划、区域规划成为各级政府编制的三类主要规划。但是，由于这一文件所确定的"专项规划"在经济发展中的作用及定位与传统上的行业规划不尽相同，传统上制度化编制的一些行业规划不能被纳入专项规划范畴，因此，一些不能编制专项规划[②]的行业，根据推动本行业发展的需要，继续编制行业规划。在这一情况下，形成了总体规划、专项规划、区域规划、行业规划等并行的战略规划体系。

此后，为了提高总体规划的实施效果，更科学地配置政府资源，为市场经济的发展提供更高效的公共服务，中央和地方政府在组织编制"专项规划"的基础

[①] 作者将"战略规划体系"一词定义为如下两种含义：第一，组成这一体系的各个"战略规划"个体；第二，各"战略规划"个体之间的相互关系。

[②] 在国务院国发〔2005〕33号文件印发后，专项规划的主要作用被严格限定在配置政府资源，其编制和审批需履行严格的行政认可程序。一些主要依靠市场配置资源的领域或者行业因此很难编制专项规划，只能延续过去形成的、编制行业规划的传统做法，对一段时间内的行业发展进行预测、研究，并对相关企业的发展进行引导。

上，又针对重点领域开展国家（地方）"重点专项规划"的编制工作，并将国家"重点专项规划"的实施作为一项十分重要的考核指标。同时，反腐倡廉、人才建设等过去很少编制中长期规划的工作，目前也已经开始编制相关规划，确立一定阶段的工作目标，并明确相应的工作任务和布局，形成了编制工作规划的一股热流。这进一步丰富了战略规划体系内容。

第二节 战略规划体系的逻辑

在战略规划实践中，过去和现在一直有同一个问题困扰着我们，就是：我们为什么要组织这么多种类的战略规划编制工作，为什么必须要有一个战略规划体系？还有，多个战略规划放到一起，相互之间符合什么条件才成为"体系"？更重要的是，面对社会上关于战略规划过多、过乱的指责和议论，到底多少部战略规划为"过多"，多少部为"过少"？到底该如何合理确定战略规划的数量？

想要搞清楚这些问题，实际上也就是要擦亮战略规划工作者的眼睛，使他们能够看清楚自己所从事的工作到底是一项什么样的工作，对于解决当前在战略规划领域存在的许多疑问和问题，避免陷入形式主义的泥潭十分重要。而要搞清楚这一问题，与两个词有关，即"全国一盘棋"和"因地制宜"。

2.1 战略规划体系的构成

我国是一个幅员辽阔、人口众多、物产丰富、多民族团结友爱共同为实现"中国梦"而努力奋斗的国家；同时，又是一个国情复杂、区域分异明显的国家。在这一条件下，保持我国经济的科学发展，实现党的十八大报告中提出的以科学发展为主题，以转变经济发展方式为主线的新型发展战略，完成全面建成小康社会这一战略目标，就必须动员和发挥全国各行各业的力量，朝着一个方向共同努力。要做到这一点，就必须有合适的工具来统一全国人民的思想。目前，在我国，这种工具主要有两个：一为"旗帜"，二为战略。

——"旗帜"。举旗亮剑对于提振信念、动员力量共同奋斗的作用早在战争年代就已被证明。在当前我国加速推进经济、政治、文化、社会和生态文明建设的宏伟时期，高举旗帜，号令天下，可以有效振奋全国人民信心，引导人民从思想上、行动上认同这一价值,并为之努力工作。党的十八大主题第一句话即明确我们要"高举中国特色社会主义伟大旗帜",习近平就此指出,党的十八大主题,简明而又鲜明地向党内外、国内外宣示了我们党将举什么旗、走什么路、以什么样的精神状态、朝着什么样的目标继续前进这四个关系党和国家工作全局的重大问题,充分肯定了"旗帜"对于"发展"的重大意义。

——"战略"。至于战略规划的作用,主要解决"旗帜"引导之下,如何具体开展工作,如何从工作布局、工作安排上凝聚人力物力财力这一问题。也就是如何进行总体部署、顶层设计。一个国家关于总体发展的顶层设计,有且仅有一个,不可能出现两个。这一顶层设计就是国家战略规划。正是出于这一原因,我们才可以说国家战略规划是实现"全国一盘棋"的重要工具。在这里,我们说"有且仅有一个"国家战略规划,是从其本质上、总体上、理论上来讲的,体现了一个主权国家的核心价值追求。实现这一核心价值追求可以有多个方式、多种不同的具体实施策略、不同的安排布局等,但是核心价值不能变,发展的主要目标和方向不能变,也就是发展的总体战略规划不能变,党的十八大报告中提出的"既不走封闭僵化的老路,也不走改旗易帜的邪路"[①] 说的就是这个意思。主权国家追求的这一核心价值又可以有多个维度的理解和表述,例如对我国来讲,存在"建设社会主义强国""不断满足人民日益增长的物质和文化生活需求""全面建成小康社会"等不同的表述方式,相应地,我们达成这一核心价值的具体工作部署会有所变化,但是其核心"全心全意为人民服务"的宗旨是不变的,贯穿于国家战略规划中的"灵魂"是不变的。如果不是这样,国家战略规划就难以起到统筹发展、协调大局的作用,也难以对形成"全国一盘棋"局面产生影响。

在对以上两点进行讨论之后,我们有条件再深化一步,就国家层面的战略规划管理进行讨论了。

我们高举中国特色社会主义伟大"旗帜"的目的,是要在这一"旗帜"的引

[①] 胡锦涛:《坚定不移沿着中国特色社会主义道路前进,为全面建成小康社会而奋斗》(在中国共产党第十八次全国代表大会上的报告,2012年11月8日),自《十八大报告辅导读本》,人民出版社,2012。

导下，号召全国人民同心同德，进行中国特色社会主义事业建设，并最终"全面建成小康社会"，实现中华民族伟大复兴的"中国梦"。我们业已知道，党的十八大已经明确了中国特色社会主义事业的"五位一体"总体布局，即经济建设、政治建设、文化建设、社会建设和生态文明建设。这五件事情就是我们今后要重点完成的五项重大任务。做完这五件事，我们也就相应地完成了中国特色社会主义事业的建设任务。那么：

——问：经济、政治、文化、社会及生态文明建设这五项任务最终要由谁完成呢？

——答：13亿中国人共同完成。

——问：13亿人口共同劳动，需要有效地进行组织，以确保效率，由谁来组织一下呢？

——答：肯定要由公共部门负责组织。在我国，合适的组织应当是承担经济调节、市场监管、社会管理和公共服务职责的各级政府及其组成部门。

——问：13亿人口在陆地总面积为960万平方千米的范围内活动，如何进行有效的组织呢？

——答：深入研究并动态跟踪国情，明确总要求和总思路。在总要求和总思路的指导下，对不同类型的人群提出不同的要求，分配不同的任务并合理地配置资源。同时，想清楚不同任务之间如何进行有效衔接，并分别针对不同的人群制定合适的激励机制。

可以看出，进行有效组织的工具就是政府战略规划。同时，我们还可以看出，满足这一要求的战略规划应当既顾及保持全国统一发展要求、统一发展思路等方面的"统一""统筹"等方面的要求，还要顾及不同类型的任务——我们在日常工作中通常将这一类型界定为不同"领域"的独特要求，顾及不同地区的特殊自然、人文状况给"发展"的具体措施所带来的不同影响。另外，鉴于我国已有的体制机制还不尽完善、不尽科学，需要对不合理的地方进行改造，所以有时还要涉及改革问题和稳定问题等。

所以，在我国，能够统筹协调全国发展全部事务的国家战略规划，既要能够保持全国的发展总要求的统一，还要能够有效针对不同领域、不同区域甚至不同人群的特殊情况、特殊要求。很显然，满足这一苛刻条件的国家战略规划不会仅仅表现为一个战略规划文本，而应当由多个战略规划文本构成，战略规划文本之间应当相互衔接、相互协调。我们将这种相互之间互相衔接协调的战略规划叫作国家战略规划体系。

> 国家战略规划体系是在统一的发展要求和发展思路的约束下，由各级政府及相关部门负责编制并组织实施，以动员组织全体人民共同工作为目标，通过层层明确不同领域、不同地区的发展思路、目标、任务、措施等，推动不同领域、地区发展进而促进全国协调发展、科学发展的一系列相互协调、相互补充的战略规划文本。

结合我国当前战略规划实践，国家战略规划体系的基本构成应当包括如下几类战略规划文本：

第一，国家总体战略。中央政府负责编制并组织实施。主要任务：明确国家发展愿景及价值追求，对国际国内发展形势进行分析和做出判断，确立全国总体发展思路和发展目标，针对各个领域、各个地区的发展提出发展总要求，并对总体发展任务按领域和区域进行分工。进一步研究发现，国家总体规划仅仅完成上述任务是远远不够的，它应当承担更多的职责。最近，国家总体规划工作出现一个新的发展动向——总体规划内容越来越具体，总体规划更加具有可操作性，一些重大项目也被列入国家总体规划之中。作者认为，这一发展动向并没有反映国家总体战略规划的本质。从前面的分析我们可以看出，国家总体战略规划，除要充分反映上述内容外，还应当对以下问题做出回答：

——明确需要编制的各类专项规划、行业规划、区域规划和其他规划，并明确这些战略规划在实施国家总体战略规划中的地位，进而明确这些规划的对象范围、实施途径、实施时间安排等。

——明确各类专项规划、行业规划、区域规划和其他规划等战略规划之间的相互关系。这些相互关系包括：相互之间的指导和被指导关系；围绕经济发展总目标的协调配合关系；规划实施的时间安排、组织安排等。

理论上，国家总体战略规划文本中应当列出需要具体进一步研究编制的专项规划、区域规划等的目录、要求等。

第二,地区发展总体战略。由地方政府组织编制并实施。主要任务是:针对本地区特殊的发展环境,在全国总体发展要求的指导下,提出适合本地区发展情况的发展思路、发展目标和主要举措等;对本地区各个领域的发展事项进行分解并提出要求,在此基础上提出需要进一步研究编制的本地区的专项规划、区域规划等。

第三,行业战略规划。针对不同领域、不同行业的发展形势,在国家总体战略的总要求下,提出适合本行业发展的思路、目标和具体举措。

近些年,伴随着我国政府在推动经济社会发展过程中所需要重点关注的事项的不同,在上述几类国家战略规划的基本构成之外,又出现了一些其他类型的规划。其中比较重要的有专项规划(国家重点专项规划)、区域规划、国土空间规划、城市规划等,其中:

专项规划是专门针对需要政府运用公共资源,以优化经济社会发展环境,弥补市场失灵,提供公共服务为目标而开展的一类规划编制工作,根据国发〔2005〕33号文件,这一类规划应当具备对资源及其配置的作用。其中,所谓"资源",既包括各类物资、资金、人力等有形资源,也包括知识产权、技术发明等无形资源。

区域规划和国土空间规划是为了促进区域协调发展,充分发挥不同区域的比较优势而开展的一类规划编制工作。这一类战略规划从合理利用地理空间的角度,力图保持国土空间资源的节约集约利用。

城市规划是一类特殊的规划,主要针对城市空间人口密集、经济活动强度大、社会管理难度大等特殊因素而开展的战略规划编制工作,是城市管理的主要依据。

2.2 战略规划之间的相互衔接关系

前面我们在分析战略规划体系的构成时,已经对战略规划之间的相互关系有所涉及。它是我们在实践中要求严格做好战略规划衔接工作的逻辑基础。在上一节我们讨论国家战略规划时曾经讨论过:国家战略规划的主要任务是分析形势,确立总目标、总任务、总原则等事项,即确立总体发展战略,并在这一战略的约束下,区分不同的领域、不同的地区分别提出发展总要求,以实现总体发展目标。"国家战略规划体系"的其他成员，是根据这一总体发展战略关于某一领域或者某一地区具体发展事项的要求，为细化这一要求，并按照这一要求提出具体建设任务而研究制定的战略规划，是落实国家总体发展战略的"举措子集""政策子集"和"任务子集"。国家战略规划体系中各成员及其之间的关系示意参见图 3-1。

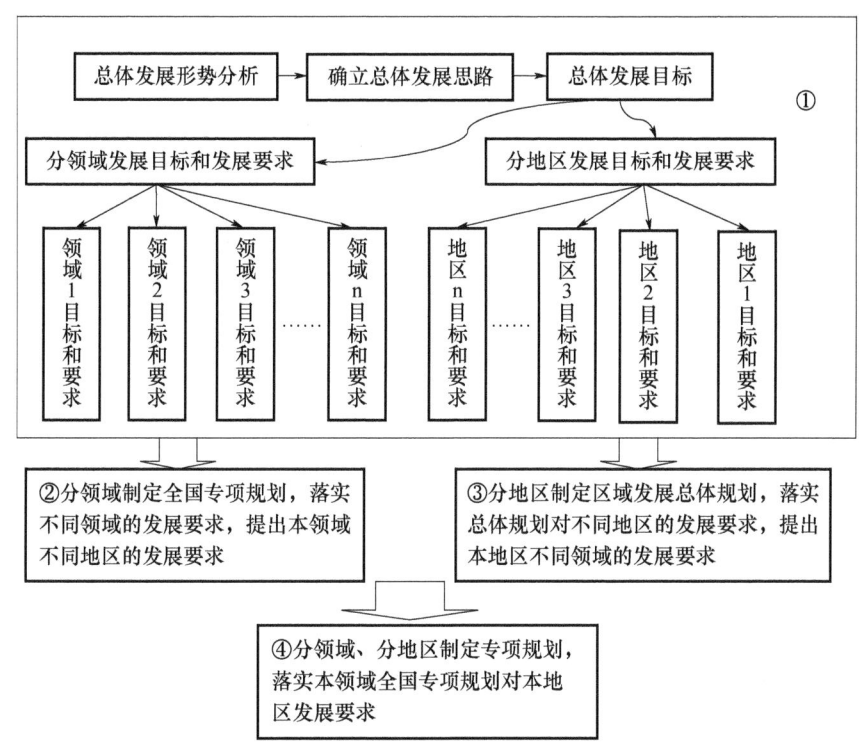

图 3-1 国家战略规划体系成员之间的关系示意

图 3-1 中，我们将国家战略规划体系中的各个成员分别标注了编号：①为国家总体发展战略；②为分领域战略规划；③为分地区战略规划；④为某一领域在某一地区的落实规划，或者某一地区中某一领域的具体发展规划。相互之间的关系为：

——①规定②、③、④的方向、原则等重大事项，明确提出②、③、④所涉及领域或者地区的总体发展要求；从某种意义上讲，可以将①看作是②、③、④

在逐步概括①的基础上形成的，而②、③、④则是对①中所明确的总体发展要求的细化与具体化。

——②是①的实施规划，是根据①规定的关于②这一领域总体发展要求，经过深入研究论证形成的具体发展思路、发展任务和政策措施；同样，③是①的实施规划，是根据①规定的关于③这一地区总体发展要求，经过深入研究论证形成的具体发展思路、发展任务和政策措施。

——②和③之间有交集，形成④，即④是下一级战略规划，是一个领域在一个地区发展任务和布局的具体安排和部署。

上述文字有点绕，下面我们以当前我国测绘地理信息战略规划为例说明：

①为国家总体发展战略，例如《中华人民共和国国民经济和社会发展第十二个五年规划纲要》以及党的十七届五中全会通过的《中共中央关于制定国民经济和社会发展第十二个五年规划的建议》。②为测绘地理信息战略规划，以"十二五"规划为例，目前其由《测绘地理信息发展"十二五"总体规划纲要》和《全国基础测绘"十二五"规划》等组成。③为《山东省国民经济和社会发展第十二个五年规划纲要》。④为《山东省测绘地理信息发展"十二五"规划纲要》。

在①中对测绘地理信息发展提出的要求是："完善地理、人口……基础信息资源体系""发展地理信息产业"。根据这一要求，由测绘地理信息部门牵头，具体编制②，明确具体措施。同理，③也对山东省测绘地理信息发展提出总体要求，其具体由山东省测绘地理信息相关部门通过编制④来落实。

当然，任何行业的发展都不是在真空中，如其他行业的发展一样，测绘地理信息行业的发展也离不开财政投入，离不开适当的金融政策、税收政策等。因此，当在某一个行业战略规划中涉及其他领域的事项时，由于其不属于自身行业管理范围，在行业战略规划中提出的政策是否可行需要由权威部门做出认定。这就是战略规划之间要搞好规划衔接的重要原因。

2.3　关于战略规划数量的讨论

这实际上是一个在我国战略规划实践中存在的具体问题，近些年存在颇多争

---

① 所谓"概括"就是忽视相似对象的不同之处，形成较高级类型；在较高级类型中强调相似性。参见陈常松，著：《地理信息共享的理论与政策研究》，科学出版社，2003，71页。

议。有人在对全国战略规划工作进行研究统计后认为，我国战略规划过多、过乱，并给出了一个数量的概念，全国各级政府、各有关部门为谋划"十五"期间的发展共编制 2000 多部规划。多数规划流于形式，对经济社会发展的引导、带动作用令人生疑。因此，建议减少战略规划的编制数量。

在作者看来，从战略规划作为对一定时期内经济社会发展的全盘谋划这一定位出发，单纯从数量上来分析多少部战略规划合适没有什么实际意义，重要的是要讨论一部战略规划存在的必要性。拿一个简单的例子来说，谋划陆地总面积为 960 万平方千米的全国经济社会发展思路，单靠一个人或者几个人是不行的，必须发动多人进行深入调查研究。也就是说，编制全国范围内的战略规划显然是合适的和有依据的。相反地，一个仅有几十户居民的村庄，占地不多，事情也不复杂，谋划这一村的发展显然不需要投入多人，村支书一人足矣。因为一个村的街坊邻居之间相互熟悉，想法也大体相互了解，由村支书提出发展建议，经村民审议形成决议实际上是一个相对简单的过程，在这种情况下再煞有介事地开展战略规划的编制就显得多余且可笑。至于一个镇、县、市、省是否要进行战略规划编制，这完全不是数量的问题，而应当从需求出发。如果一个县的领导刚走马上任，对本县情况的不熟悉、不了解，开展战略规划编制工作，让专家学者帮助自己出出主意、谋划一下是完全恰当的；如果县里的领导对县情足够了解，也大可不必做这种费力不讨好的工作。

所以在实际战略规划管理工作中，设计战略规划体系时，组成这一体系的战略规划的数量不应当作为主要考量指标；一个战略规划是否应当存在于某一个战略规划体系中，关键考虑因素不应是战略规划的数量多少，而应当是每一个战略规划存在的依据和必要性。

第三节 战略规划的语言表达形式

一部战略规划，无论其思想是多么具有先进性和创新性，也无论其是如何逻辑严密、思路正确、任务明确……，均必须以一定的方式表达出来，才能为社会所认知并执行。或者讲，战略规划，只有把它"写出来"，才能发挥它的作用。因此，我们在日常工作中，经常会用规划"编制"这样的字眼来描述这一战略规划工作——正如前面我们已经讨论过的,这一工作的重心实际上主要是"研究"工作。鉴于此,我们现在用一节的篇幅来专门论述一下如何"写"好战略规划这一问题。

3.1 "好战略"与"坏战略"

现在首先让我们从关于一个战略的"好"与"坏"的讨论中切入。《好战略,坏战略》本是一书名,由美国学者理查德·鲁梅尔特所写,主要讨论了真战略和披着战略外衣的假战略,以及如何做好战略管理等方面的内容。在其论述"坏战略"的特征时,他指出一个"坏战略"具有如下特征[①]:

——空话。空话就是一些伪装成战略理念或者战略观点的废话。它使用一些浮夸而深奥的字眼以及生僻的概念,造成一种思想认识水平很高的现象。

——不能直面挑战。坏战略无法识别或者找出真正的挑战。

——错把目标当战略。很多坏战略都只是泛泛地谈到美好的愿望,而没有就如何克服困难提出具体的应对计划。

——糟糕的战略目标。如果战略目标无法解决关键的问题,或者各项战略目标之间相互冲突,那么这些战略目标就是糟糕的。

在上述讨论中,理查德·鲁梅尔特将"空话"排在了第一位,足以说明在西方战略管理工作中,说"空话"现象是一个多么严重的问题——而这正好与中国的情况大体相仿,我们许多人也大多将战略规划工作严重的形式主义化了。理查德·鲁梅尔特将这种说"空话"的战略规划叫作"故作高深的战略",即"空话伪装成了专业知识、思想和分析"。他认为,战略管理中所盛行的"空话"来源于"学术界",而且最近一段时间在信息技术产业内大行其道。例如,现在许多专家和自封为专家的领导大谈"云计算""物联网""大数据",但是实际上这三个词表达的确切含义没有几个人真正关心。理查德·鲁梅尔特主要讨论的是美国的情况,美国在战略管理上存在"空话"现象。

下面我们再来看看中国的情况。中国这种形式主义的东西尤其严重,早在1942年8月,毛泽东同志发表《反对党八股》一文,对党八股这一"教条主义

---

① 理查德·鲁梅尔特,著(蒋宗强,译):《好战略,坏战略》,中信出版社,2012。

和宗派主义的宣传工具和表现形式"进行了无情的批判，深刻揭露了党八股"禁锢人的思想的形式主义"的本质。他指出："如果'五四'时期不反对老八股和老教条主义，中国人民的思想就不能从老八股和老教条主义的束缚下面获得解放，中国就不会有自由独立的希望。……如果我们今天不反对新八股和新教条主义，则中国人民的思想又将受另一个形式主义的束缚。"在这篇文章之前的1930年，毛泽东还专门写了《反对本本主义》。"没有调查，没有发言权"这一著名论断就出自这篇文章。在这篇文章中，毛泽东同志强调了重视调查研究和实事求是，反对教条主义、本本主义的重要性。毛泽东同志反对教条主义、本本主义、形式主义的一贯思想，正是我们党调查研究、实事求是、理论联系实际的思想路线的理论源泉。

到了今天，毛泽东同志曾经鲜明批判的"教条主义""本本主义""党八股"等现象又出现死灰复燃的迹象。参照毛泽东同志关于"党八股"的八大罪状的论述，当前的主要问题包括以下几个方面。

（一）空话连篇，言之无物

这是当年毛泽东同志给予"党八股"的第一条罪状，至今仍然很有市场。写文章就如同炒菜，没有葱姜蒜等材料，如何炒出一盘美味佳肴呢？道理是这么个道理，但是现实却并不总是完全相符。毕竟，文章不同于佳肴，是不是好，需要专门人才更加仔细甄别。所以总有一些投机取巧的人，不调查研究，不了解实际，写文章时，大话、假话、空话、套话一大堆，"天下文章一大抄"。毛泽东同志曾经愤怒地发问："……你对那个问题的现实情况和历史情况既然没有调查，不知底里，对于那个问题的发言便一定是瞎说一顿。瞎说一顿之不能解决问题是大家明了的，那末，停止你的发言权有什么不公道呢？"邓小平同志也十分重视深入调查研究，强调说："数字中有政策，决定数字就是决定政策。"正是我们党对调查研究工作的清醒认识和高度重视，才保证了我国革命、建设和改革开放的一个又一个的胜利。

目前，毛泽东同志在延安整风期间所批判的一些对马列经典顶礼膜拜，不唯实际、不唯国情、只唯马列经典的现象已经基本不存在了。但是，不重视从生产实践中获得第一手鲜活资料，仅靠教条式地抄写经典，或者依据一些似是而非的数据，就下结论、作指示、写文章的新型教条主义现象又沉渣泛起，作决策不是靠翔实的数据和严格的论证,而是惯于"拍脑袋";作研究不是靠科学的数据和科学的方法,而是惯于"想当然"。尤其是伴随着信息技术等现代高新技术的不断发展和应用,各类信息的获得和传播变得越来越容易,在给予我们获取各种参考资料便利的同时,也使我们在甄别信息的真伪方面增加了困难,以至于美国未来学家约翰·内斯比特感叹道:"直觉在新的信息社会中更加宝贵,因为数据太多了。"在这种鱼龙混杂的信息汪洋中,如果我们没有一个实事求是的态度和深入调查研究的精神,那么我们势必会重陷教条主义、本本主义的泥潭,我们做出的决策、写出的文章将受到越来越多的质疑,我们写的文章、作的报告可能会成为新的"懒婆娘的裹脚",又臭又长。

(二)装腔作势,借以吓人

通俗一点讲,写文章实际上就是以另外一种方式在说话。所以,一篇以普通大众为主要读者的文章,无论其是政府公文,还是其他类型的文体,遣词造句应当尽量朴实,文法应当更加接近老百姓的语言习惯。我们读毛泽东同志的一系列著作,无不具有朴实这一显著的特点——而这丝毫没有影响到毛泽东作为一个文章大家的名声。当然,与我们日常说话稍有不同的是,写文章确实在文法、语法等方面较口语表达严格得多,但这也仅仅是为了更加准确清楚地表达思想罢了。如果太在乎这些形式方面的东西,而忽视了其内容上的精益求精,那就可能真要犯形式主义的错误了。

"装腔作势,借以吓人"是毛泽东同志给"党八股"定的第二条罪状,主要描述胸中并无多少墨水的所谓"文化人"为了将自己装点得更像文化人而生造一些"假大空"的名词来愚弄百姓的一种现象。这在目前仍然颇有市场,主要有两种表现形式。在科学研究领域中的主要表现是造大名词。科技的飞速发展,给予了这种现象赖以生存的土壤。一些伪专家和伪学术文章不是尽可能用朴实大众的语言来传播学术思想,而是故意生造一些似是而非,甚至连作者自己也弄不懂的名词,来糊弄百姓,骗取学术地位和科研经费,这是高技术状态下的"党八股"现象的再现。在行政管理领域的主要表现是套话、官话的横行。一些所谓"套话""官话"大行其道,排比句运用成风,段落字数讲究平衡一致,"大力""坚定不移""一如既往""长治久安"等高调的形容词成为官方文章中的热词。另外,伴随着我国经济改革过程中对西方经济理论的借鉴,一些所谓的专家借此造势，言必讲亚当、凯恩斯（在说到这些人的名字时，还要用英文发音），文章必须写上若干西方经济学家的名字。很长时间以来，一篇文章中如果没有引用一些洋文的文献，没有写上几个西方作者的名字，似乎就不够"学术"。这种装腔作势的现象掩盖了文章作者学识的匮乏、理论水平的低下，其实质是贻误读者，给经济社会发展带来损害。

（三）唯求形式，忽视内容

无论是"老八股""洋八股"还是"党八股"，说的都是文章僵硬的、守旧的、禁锢人民思想的形式。台湾作家柏杨先生在评论八股文这一体裁时说："依照规定，作八股文，不能发挥自己的意见，也不是自己在说话，而是儒家圣人系统在说话。"[①] 所以，八股文不但从形式上妨碍了思想的传播，而且从思想上限制人的创新和变革。与八股文同样属于文章形式范畴的还有多种，而白话文是最革命的。柏杨先生说："白话文起因于佛教的传播，佛经虽然大量译成汉文，但用的是文言，只有士大夫阶层中少数受过特殊训练的人，才能看懂。在这种情形下，要想让民间接受，就必须靠文言文的再翻译——译成白话文，即变文。"所以，文章作为表述思想、传播思想的工具，最基本的要求是让尽可能多的人看懂，而不是文章所用的字词是否优美、段落字数是否一致、排比句是否能够朗朗上口等。毛泽东同志反对"党八股"，其原始意义也不外这些。

所以，如果一篇文章精确地表达了它要传递的思想和内容，那么它采用什么形式，并不总是十分重要的。但是，现在的倾向是，一篇文章无论其内容如何，先要看看其形式是否齐整，而更加重要的文章所传播的内容、思想是否正确和已经清楚地表达则很少考虑。目前，无论是在百度还是谷歌上，你都可以找到写各类文章的"模板"——所谓"模板"，即文章形式。以政府公文为例，你可以找到"报告"如何写，"指导意见"如何写、"会议通知"如何写等。甚至需要做大量调查研究才能写成的战略规划等文章也有了固定的模式，例如根据某些人的总结，该类文章必须包括现状、问题、指导思想和发展目标、主要任务、政策措施等，少了不行，多了也不行，将上述几项填上足够的文字，就完成了。这是第一种形式主义的东西。由这种形式主义的东西衍生出在工作实践中的形式主义就

---

① 柏杨，著：《中国人史纲》，同心出版社，2005。

是，起草文件、撰写报告不是先开展调查研究，而是先拟定提纲，再分别找人填内容。这种形式主义的做法，实际上是对个人创新能力的一种禁锢，根据毛泽东同志的建议，是必须要彻底打倒的。

3.2 选择恰当的表现形式

坏的表现形式是应当被打倒的。但是打倒了以后如何选择一种好的表现形式，就成为一个十分重要的问题。如何解决这一问题，关键还是那句老话：形式要服从于内容。形式仅仅是外衣，外衣再华丽，穿在一个"垃圾人"身上，这个人仍然是个"垃圾人"。华丽的辞藻再加上充实、科学的内容才能构成一篇真正意义上的战略规划。毛泽东同志在《工作方法六十条（草案）》中指出："有了正确的观点和正确的思想，还要有比较恰当的表达方式告诉别人。"[①] 这就要靠写文章、写文件来实现。针对于此，毛泽东又指出："文章和文件都应当具有这样三种性质：准确性、鲜明性、生动性。"关于如何使文章准确、鲜明和生动，郭沫若说："写文章要老实一点，朴素一点。看到什么，想到什么，就写什么。自己的思想认识明确，然后适当地表达出来，就一定准确。"并且说："只要是准确的，大概也是鲜明的。另外，……不要选用深奥的外国式的语句。句法构成要……，要合乎中国话的一般规律。……不要找太偏僻的字，……这样可以解释，那样可以解释的字最好避而不用。"

先人们的话语犹在耳边，给予我们启发，更多的是帮助我们思考"文章的写法"。在头脑中已具备了十分丰富的思想积淀之后，如何将其和盘托出，同大家分享呢？这是一个仁者见仁、智者见智的问题，本书想从几个方面进行讨论。

针对现实情况。什么是现实情况？科学、思想的传播和继承是靠文字描述的。据考证，文字的出现已经有几千年的历史。在这一漫长的过程中，地理、人种等因素的逐渐影响，促使文字分化，形成西文、中文、拉丁文等。现代科学出现后，文字被作为重要的思想载体运用，数学、语文、物理、化学等均需要文字来传播知识、教授学生。在这一过程中，同一种语言（例如中文）因不同的学科需要而形成了不同特色的表达体系和对语言的运用方法，尤其是所使用概念的准

---

① 王梦奎，主编：《怎样写文章》，中国发展出版社，2010年第1版，2013年第6次印刷。

确性成为一个学科成功发展的关键。于是，科学名词成为学科建设中的重要基础性内容。科学名词委员会应运而生，其主要职责就是促使本学科内部名词概念使用上的标准化。在将科学思想、科学方法用于指导社会实践后，这些仅具科学意义的名词概念被赋予具体实践工作意义。具体在行政管理工作方面，科学意义上的"名词概念"的标准化就与部门职责的划分息息相关、紧密联系，使用不同的名词概念，往往意味着行政管理权限、管理职责的不同。这实际上是实践工作中从事相近工作的部门经常会因为某个或者某几个名词的使用问题起争执，甚至有时候到焦头烂额程度的内在原因。分头负责不同领域事务的所谓"部门"为了扩大本部门管辖事权，会对相关名词概念做出有利于本部门业务的解读——而对于名词的如何解读一般是一帮爱钻牛角尖的科学家较热衷的事。这时候，科学层面的名词概念之争就演变为实践层面的部门职责之争。经过长时期的这种竞争性的讨论、研究、妥协，不同领域——这也经常是不同部门的管理范畴——就会形成独具特色的运用语言的方式，也就是不同的表达体系，一般地，我们将其称为不同的话语体系。目前我们在实践中经常提到的部门之间标准不一致、表达方式不一致等现象，大多与此有关。我们在推进信息化发展的过程中，一直致力于解决的信息共享问题，除了要解决数据格式不一致等纯技术问题，还要解决因为这些话语体系不一致而导致的对同一种事物、现象的理解、命名和描述方式的不一致。所以，我们谈的"针对现实情况"，就是要从当前我国经济社会不同领域的话语体系有分割、交叉现状出发，尽量采用通用语言及一般语言习惯来描述战略规划思想。也就是俗语讲的"用朴实的语言讲述朴素的道理"。主要原则应当有以下几条：

——语言平实、朴素、准确，不追求华丽的辞藻、绚丽的表达；

——避免用语"部门化""领域化"，多采用不同部门、不同领域通用的名词、术语和表达方式；

——多用成熟的、含义明晰的名词术语，少用含义不确定、词义含混的新兴词语，不乱造名词术语；

——涉及发展变化迅速、技术发展快的领域的战略规划，在不得不使用一些新兴名词术语的情况下，应当对这些名词术语进行解释——当然要用普通的语言对其进行解释。

尽量满足"三性"。所谓"三性",即毛泽东同志讲的准确性、鲜明性、生动性。分析众多专家关于如何写文章的讨论,发现满足"三性"的要求是共同的。我们似乎没有必要讨论"为什么"的问题——为什么我们在写文章的时候要满足这"三性";我们需要讨论的是如何满足这"三性":

第一,"准确性"。真实含义是读者读你写的文章所获得的理解,与你心中所想的是一致的,也就是你将你的思想通过"写文章"准确地传达给了读者。要做到这一点,就要求我们在写文章时至少要做到如下两点:第一,用词、用语准确规范,所用名词术语要含义唯一、明确,没有歧义;第二,战略规划文本的组织方式要简洁、规范、明确。

——关于第一点,战略规划由于其必须负担的战略性和宏观指导性,很容易内容作虚,从而滑向形式主义的泥潭。目前,在战略规划领域所存在的所有问题中,这一问题尤其突出,表现为两个方面:一是仅仅有原则性的要求、思路,缺乏实实在在的举措,致使战略规划在编制完成后无从落地。关于这一问题,我们在前面已多次讨论,在此不再赘述。二是规划用语应当词义明确,无二意。郑也夫在《素质教育:名不正,言不顺,行不通》一文中讨论素质教育时说:"应试教育是什么谁都明白,而素质教育是模糊的,其本身的模糊导致其目标和手段不够清晰。"[①] 郑教授关于素质教育的认识是否正确我们暂且不论,但是其对于规划用语的观点还是十分发人深省的。假如素质教育这一词语本身真的不够明确,那么,必将导致"目标"和"手段"的"不够清晰",真是这样,战略规划也就不是战略规划,而成为好看的"废话"了。

——关于第二点,进一步讨论如下。据作者看来,文章表达思想,主要通过两个要素:一是文字的运用,这在前面我们已经做过深入分析。二是文章结构。大到一本书的篇章结构,小到一篇文章的"前言后语"的摆布,所要表达的无非是作者的所思所想。一般地,读一本书,仅仅阅读目录,就应当能够对书中讲什么有一个大致的了解。这从另一方面解释了设计一个好的文章结构的重要性。战略规划文本范式(一般是发展现状、主要问题、指导思想、发展目标、主要任

[①] 郑也夫:《素质教育:名不正,言不顺,行不通》,载《南方周末》,2013年12月26日,E31版。

务、政策措施）实际上反映了战略规划编制的既定思路。我们在本书中曾经将其定义为战略规划的"党八股"现象，主要是从"求变、创新"的角度出发。保守地看，这一文章结构是符合战略规划思想的表达需要的，但是在当前形势下，一切均在急剧变化中，战略规划思想和对工作任务等的布局也必须适应这种快速变化的形势才能够更加符合其指导工作这一角色，所以要求战略规划编制中战略规划文本的结构必须创新。

第二，"鲜明性"。含义是要有鲜明的主题、特色等。不同领域的战略规划不能千篇一律，不同时代的战略规划也不能完全一致，因此，"鲜明性"的"鲜明"主要体现在"准确"原则下的创新、求变上，完全照搬前述战略规划文本范式是一种"八股"现象，但是完全脱离这种范式，将前人多年的战略规划经验全盘抛弃也是不可取的。

第三，"生动性"。含义是尽量使战略规划文本有可读性，有趣味，使人愿意读，不生厌。如何做到？实际上众多大家讨论颇多，不需要作者在此赘述。我们要讨论的是：能否探索战略规划表述方式的多样化呢？能否使战略规划摆脱严肃的面孔，而更加生动活泼呢？尤其是在现代高新技术被广泛应用这一背景下，如何使战略规划更加生动、更加耐读，实际上是一个很严肃的课题。

我们前面已经对如何做好战略规划文本进行了深入的讨论，以便保持战略规划的准确性、鲜明性和生动性。可以看出，这些讨论是在"战略规划思想是用文字进行描述"这一假设条件下的——当然，这一假设符合当前工作实践——至少目前我们还找不出采用除文章外其他的方式表述战略规划的例子。但是实际上，采用除文章外其他方式描述战略规划，不但是可能的，而且符合当前的媒体时代特征。可能的方式有：

——多媒体方式，例如视频、音频等；

——信息系统的方式，设计并研制战略规划信息系统。这种表述方式既准确，又生动；

——各类更加直观的图形表达方式。

作者基于专业偏好，曾经就利用地图或者地图集的方式来表达战略规划这一问题进行过特别思索，并在有关场合正式提出过这一建议。不得不承认，地图（地图集或者地理信息系统）表达战略规划的能力有限，仅限于对地理空间类战略规划成果的表达。但毕竟地图是表达和描述地理空间的语言和工具，如果用来描述战略规划思想、任务布局等，将会更加直观、准确、生动。我国目前与地理空间相关的战略规划主要有区域发展规划、主体功能区规划、城市规划、生产力布局规划、土地等自然资源和环境相关规划等几类。

近几年，作者有机会参加战略规划编制相关研究讨论时，多次就采用地图语言来作为这一类战略规划的主要描述语言等问题提出意见，希望将地图作为国家地理空间类战略规划的主要描述语言。尽管有进展，但是离真正实现还有相当的距离。作者之所以坚持这一点，其主要逻辑基础是：地理空间类战略规划是决定经济社会事务在地理空间上布局的政策，是关于合理利用地理空间，并对地理空间的使用进行管理和调控的政策性工具。地理空间的使用涉及空间界线问题，一个合格的地理空间类战略规划应当描述每一地理空间单元的用途、功能等，更为重要的是要清晰准确地描述不同功能区之间的界线。如果界线描述不清楚，那么这一类战略规划发挥的指导作用将大为减弱，甚至在某种情况下可能导致混乱状况。我国几十年的战略规划工作实践积累了相当数量的地理空间类战略规划，假如将所有这些战略规划中关于地理空间的划分单元界线标在一张地图上，我们得到的可能是呈一团乱麻状的"界线"了。这意味着，如果单一的战略规划关于地理空间的划分是合理的，那么多个战略规划的综合划分就绝不是合理的。假如这些战略规划均得到不折不扣地执行，那么，执行结果对促进发展是好是坏还真是一个值得讨论的问题。这充分说明，由于文字描述的缺陷，对各类地理空间界线的描述模糊，导致战略规划失去了其原有的价值，弱化了指导价值。所以，在战略规划表达方式上的创新和求变，不单单具有使战略规划更加生动的意义，其在提高战略规划的准确性上也具有十分重要的潜在价值。

第四节 战略规划的特点

实际上，我国多年的战略规划工作已经使我们充分认清和掌握了战略规划的主要特点。随着时间的变迁，这些特点或者特性业已成为一种工作要求，成为各级政府及有关部门战略规划工作部署文件的一条重要内容。战略规划具体工作人员对此耳熟能详，并自觉用这些特点或者特性要求自己的工作。国务院在

2005年印发的《关于加强国民经济和社会发展规划编制工作的意见》中对此从规划编制工作和规划本身两个层次上提出要求：

——第一个层次：推进规划编制工作的规范化、制度化。

——第二个层次：提高规划结果的科学性、民主性、战略行、综合指导性，并特别指出"总体规划是国民经济和社会发展的战略性、纲领性、综合性规划"。

其中，第一个层次的要求，即从规划编制工作的角度提出的规范化和制度化要求，是保证实现第二个层次，即从规划结果本身提出的科学性、民主性，以及战略性、纲领性、综合性等要求的前提和基础。相应地，第二个层次的要求，是第一个层次要求的结果。下面，我们就从这两个层次出发，详细分析一下战略规划的特点。

4.1 战略规划工作的特点

简单地讲，战略规划工作可以分为四大块：一是前期研究工作，一般要求遵从一般研究工作的规律，开展这一阶段的工作；二是起草工作，其中包括规划文本起草、论证、征求意见和规划衔接和报批；三是战略规划的组织实施，依据战略规划任务布局制订年度工作计划，为战略规划任务的完成配置必要的资源并组织完成等；四是战略规划实施情况的评估和检查。

战略规划工作的制度化、规范化，意味着战略规划工作不是天马行空的研究工作，而是以调查研究为基础，遵从一定规则的研究工作和符合一定规范要求的文件起草工作、文件论证工作、文件执行工作和文件执行效果后评价工作。从西方公共政策理论的视角看，这些工作实际上是政府决策、执行及评价工作。因此，它事实上构成了政府众多决策、执行、后评价工作程序的一类，属于政府管理决策工作范畴。政府的决策、执行、后评价工作的主要工作目标是对经济社会进行宏观管理和调控，涉及面广，对经济发展、社会建设和人民生活均具有深远影响，因此必须贯彻决策民主化、透明化等原则，必须强调程序合法等，即必须遵从制度化、规范化的基本要求。

在政府的决策、执行和后评价工作中，战略规划尤其具有特殊性，这种特殊性是：其不针对某一具体经济社会事项，而是针对一组或者一个经济社会发展事项的集合。决策程序完成后，每一项任务的执行、战略规划整体执行情况的检查评估等一般由不同的组织或者机构负责。因此，强调战略规划工作的制度化、规范化具有特殊的意义。主要表现在：第一，战略规划对经济社会的影响是综合性的，通过制度化、规范化对决策过程、执行过程进行管控，有利于保证战略规划效果的可控性；第二，正是由于一个战略规划往往包含多项政策，并由多个组织分别实施，不同组织之间的相互协调对于保证战略规划执行效果就显得尤为重要，只有不断加强制度化、规范化，才能从根本上保证这一点；第三，制度化、规范化贯穿战略规划全部，在决策阶段，其是保证前期研究工作扎实，战略规划内容科学、完整，战略规划之间相互衔接，战略规划思想代表所有相关组织和人群的基础，也是保证战略规划能执行、执行效果可保证的基础，也就是说，其是在战略规划工作中贯彻民主决策、科学决策的基础和保证。

制度化、规范化在战略规划工作中的决策阶段和实施评价阶段有不同的含义。根据战略规划工作的特点，我们可以将决策阶段工作称为由虚到实的工作，将实施评价阶段的工作称为由实到虚的工作。当然，这里的"虚"仅指"务虚"，即纸上工作成分多一些的工作。制度化、规范化在战略规划的实施阶段的含义不需要进一步阐述，主要原因是，战略规划是政府部门行使战略管理职责的依据，战略规划的实施是政府部门日常管理工作的重要任务之一，严格的制度、规范的行政办事程序是其最基本的要求之一。基于此，下面我们重点讨论战略规划决策由务虚到务实阶段的制度化、规范化问题。关于这一问题，我们将在第五章中进一步讨论。

根据工作性质，可以将战略规划工作中的前期研究阶段的工作称为"务虚"工作，就像我们经常将一些理论研讨类的会议命名为"务虚会"一样；将以实践工作为主的战略规划实施阶段的工作称为"务实"工作。因此，战略规划工作实际上是一个"由务虚到务实的转变"的工作过程，工作内容既包含"务虚"成分，也包含"务实"成分。在这一工作过程中要解决的重点问题就是如何避免"有虚无实"和"有实无虚"。"有虚无实"容易使千辛万苦得来的前期研究成果飘在空中，而被束之高阁；"有实无虚"又往往由于缺乏深度研究和系统谋划而使实践工作陷于琐事，而缺乏远见和思路。如何通过"务虚"工作取得"务实"效果，使"务虚"工作不至于工作成果"虚化"是每一位战略规划工作者所面临的主要挑战。而这就需要通过推进战略规划工作制度化、规范化来实现。

大家一般都说，战略规划是事业发展的龙头。所谓"龙头"，也就是事业发展的"纲"，战略规划这一"纲"举了，事业发展的各个"目"跟着"张"了，表明战略规划的作用发挥了。但是，在实际工作中，由于制度不健全，战略规划制度化推进得不彻底，我们往往会碰到"纲举"而"目不张"的情况。过去经常流传的战略规划"纸上画画，墙上挂挂""规划——鬼话"等评价，大约与此有关，进一步分析，可能有两个方面的原因：一是战略规划这一"纲"做得不够好，要么缺乏科学性，不符合科学规律，不符合实际情况；要么缺乏战略性，方向不明，思路混乱；要么缺乏可操作性，只有宏大的愿景、思路、目标、设想，没有细化的措施、任务、项目，战略规划无从落地。这样的东西只能是送到抽屉里放起来。二是与我国市场取向的改革有关系。建立市场经济体制的过程，也就是逐步削弱计划在配置资源中的作用的过程。改革开放30多年，"五年计划"变为"五年规划"，纳入国家年度计划管理的事项越来越少，规划计划在宏观调控中的作用越来越受到质疑。甚至一段时间里，一些文件将战略规划仅仅赋予其对市场的宏观引导的作用，完全剥夺了其作为配置政府资源和对市场进行宏观调控的职责。

具体到行业规划，体制原因导致其落地所遇到的困难更大。在国家层面，投资和预算等涉及政府资源配置的事项由专门的部门负责，行业管理部门既不管钱，也不管物，更不管项目。在2006年国务院提出"国家级专项规划"这一概念，并赋予其实实在在配置政府资源这一职责之前，行业规划如果得不到国务院或有关部门的同意和认可，将面临项目无法实施、任务无法完成、目标难以达到的尴尬境地。由行业部门组织力量编制的行业规划，在加盖行业部门的图章郑重其事地印发本领域后，其任务也就完成。至于规划任务是否能够落实、规划目标是否能够实现似乎是不太重要的事了。所谓行业规划，其实什么也规划不了，其编制完成之时就是其作用结束之时。而解决所有这些问题，就必须将制度建设放在首位，通过制度建设，逐步解决战略规划实践中存在的问题。

那么如何通过制度化来逐步化解问题呢？作者认为，以下几个方面是重点。

（一）以务实的态度抓调查研究

战略规划的科学性，来源于扎实的数据和严谨的推理。因此，调查研究始终是战略研究和规划编制工作人员的基本功。调查中出数字、数字中出结论。就战略研究和规划编制而言，调查研究务求资料翔实、数据准确、内容全面，对现状的把握要客观，对趋势的预测要科学。对于与技术的发展密切相关，并以经济社会发展提供服务为主要职责的测绘地理信息部门来讲，准确把握相关技术发展趋势，开展需求调研更显重要。但是，也正是由于测绘地理信息工作技术特色明显，从业人员以理工科背景的居多，缺乏具有社会科学背景的人员，大多数人没有经过社会调查等方面的严格训练，关于调查的意识和技术都严重缺乏，调查工作不实、不深的现象时有存在。这一度成为保证战略研究和规划编制工作的科学性的挑战。

（二）以多样的方法推成果应用

战略研究和规划编制等"务虚"工作的生命力在于其成果成为"第一生产力"，主要表现为：要么使研究成果不断被用于管理决策；要么使"研究出"或者"规划出"的愿景、任务等最终落实到项目，通过项目与财政政策和金融政策等发生联系，使战略规划真正起到配置政府资源的作用。总之，战略规划要凝聚共识、整合资源，实现战略目标。要做到这一点，关键是要使战略规划成果"众所周知"——通过各式各样的宣传活动（召开论坛和学术研讨会、举办专题培训班、在学术杂志上发表文章、与决策机构进行更加紧密的互动交流等），来使相关人员更多地接受战略规划思想。美国兰德公司是国际上著名的咨询机构，对美国政府决策和世界格局至今仍产生影响。其之所以会有这样巨大的影响力，一方面，当然在于其学术水平具有真知灼见；另一方面，也在于其对研究成果的"营销"策略。专栏3-1是其"推销"其研究成果的一个例子。

专栏3-1　美国兰德公司利用自己的研究成果影响官方决策的策略[①]

以下为兰德公司沃尔斯泰特团队为了说服官方接受其关于苏联与美国在冷战时期的某一建议而采取的措施：

---

① 亚历克斯·阿贝拉，著（梁筱芸，张小燕，译）：《兰德公司与美国的崛起》，新华出版社，2011，60页。

1952年末,沃尔斯泰特团队带着研究图表和数据启航奔向华盛顿特区,他们深信自己是唯一可以阻止战略空军司令部走向灭亡的人。他们对不同的空军军官做了 **92** 次报告,但是效果甚微,所以他们不得不放弃说服空军。直到最后他们才意识到,实施改革的主要障碍来自李梅将军。他对沃尔斯泰特建议建造轰炸机保护棚的反应,表明他对整个研究的态度,即"亵渎轰炸机保护棚",主要原因:一是他反对在基本保护之外为轰炸机增加额外的保护,二是"还存在政治因素需要考虑""固执己见的李梅根本不可能有所改变"。

沃尔斯泰特团队深感绝望,放弃与李梅进行周旋。1953 年 8 月,沃尔斯泰特团队利用兰德的人际关系,找机会直接向空军代理参谋长托马斯·D.怀特将军陈述自己的研究成果。怀特承诺将努力敦促空军委员会考虑执行他们的建议。1953 年 10 月,空军批准采纳沃尔斯泰特的大部分提议。

(三)从提高可操作性出发做深做细规划编制工作

保证战略规划不至于成为"纸上画画,墙上挂挂"之类的东西,在"务虚"阶段关键是想办法提高其可操作性,而其中关键的关键是将规划任务和有关措施与固定资产投资和预算联系起来,也就是要建立起规划、计划、预算有效衔接机制。根据我国预算管理、投资管理的有关精神,必须将规划内容细化成项目才能做到这一点,这对战略规划工作提出了很高的要求,即战略规划从业人员不但要善于开展研究工作,而且要具备足够的计划和项目管理方面的素养和能力(参见专栏 3-2)。

专栏 3-2　基础测绘规划工作的务虚与务实

2006 年国务院印发《全国基础测绘中长期规划纲要》。为使这一规划纲要真正发挥其应当发挥的作用,国家测绘局在这一规划纲要的基础

> 上又组织开展了规划细化工作,即在这一纲要提出的主要任务的基础上,按照项目管理的要求,进一步明确规划任务涉及的项目及其目标、内容、年度实施计划和投资需求等事项,形成规划项目表。该规划项目表是开展基础测绘年度计划和预算编制的主要依据。规划项目表中,前期工作基础较好的项目,纳入现行经费渠道保障实施;须深入开展前期工作的项目纳入跨年度基础测绘专项计划,依据国务院批复精神,积极向有关部门争取立项。"十一五"期间,纳入跨年度基础测绘专项计划的项目共5项,其中固定资产投资项目有3项,财政专项预算项目有2项。经过三年多的前期工作,5项工程全部通过立项并陆续实施。通过编制规划项目表,《全国基础测绘中长期规划纲要》"十一五"期间的任务得到了很好的执行。

(四)吃透国家政策文件推进规划落实

根据我国的现行体制,在完成规划细化工作后,如果规划项目没有得到国家投资部门或者预算管理部门的认可,想要建立起规划、计划、预算有效衔接机制也是难上加难。这时,合理的做法是:充分依据国家有关文件精神,有理有据地开展争取和协调工作。其中,对我们的规划工作最得力的一个文件是2005年国务院印发的《关于加强国民经济和社会发展规划编制工作的若干意见》(国发〔2005〕33号),这一文件提出了国家级专项规划这一新的规划类型,并将国家级专项规划赋予"政府审批、核准重大项目,安排政府投资和财政支出预算等方面的依据"这一职责。另外,2002年,我国颁布实施的《中华人民共和国测绘法》确立了基础测绘计划管理制度,要求"由测绘部门会同国务院有关部门编制全国基础测绘规划,报国务院批准后组织实施"。这样,国发〔2005〕33号文件明确了基础测绘规划作为国家级专项规划对政府资源配置中的作用,《测绘法》又明确了基础测绘规划在编制完成后报国务院批准,由此通过定位和审批环节建立起了基础测绘规划与投资和国家预算之间的关系,从而为规划的实施提供了资源上的保障。

在《全国基础测绘中长期规划纲要》实施过程中，由于工作协调的原因，"规划纲要"是在先报国务院批准后才进行的规划细化，程序有一点颠倒，但由于有政策保障，效果还是可以的。在"十二五"规划编制中，由于国务院已批准"规划纲要"，"基础测绘'十二五'规划"作为"规划纲要"在"十二五"期间的实施规划，不可能再报国务院批准，所以由八个部门联合编制并联合印发，这样做没有别的意思，就是为了规划的实施。在这八个部门中包括投资主管部门和国家财政部门。

4.2 战略规划文本的特点

根据目前我们的认识，一个战略规划，要想在政府战略管理中发挥作用，应当具备的特点包括科学性、民主性、战略性、纲领性、综合性等。翻阅现有文献可以发现，作者不同，描述战略规划文本特点所采用的术语也就不同。在本书作者看来，一部战略规划，至少应当具备如下特点：

——它是真实不虚地反映发展规律的；

——它能够发挥其应当发挥的作用；

——它是可以付诸实践或者被执行的。

我们将上述特点表述为战略规划的科学性、指导性和可操作性。

（一）科学性

一个战略规划是否具备科学性，是否是真实不虚地反映发展规律的？判断的根本标准应当是通过其实施，能否实现战略规划预期。即通过执行战略规划，发展目标所列的指标是否能够达到？战略规划任务是否能够完成？对这些问题做出肯定回答的前提是：战略规划目标和任务是符合实际的。根据战略规划的一般做法，要求在战略规划工作过程中，对于发展形势的判断是到位的，主要包括三个方面：对发展基础总结得全、对存在问题找得准、对发展形势和未来发展趋势把握得客观全面。以上这些，是战略规划科学性的集中体现。

基于上述讨论，保持战略规划科学性的前提是全面、细致、务实的调查研究。调查研究（战略研究、规划研究、重大问题研究等）是战略规划工作的灵魂。从政府管理的角度来讲，调查研究工作是否全面、是否深入务实实际上是判断战略规划工作是否坚持走群众路线、是否坚持民主决策精神、避免陷入形式主义泥潭的判断标准,也是战略规划是否能够真正落地的关键。对于这一点,怎样强调都不过分。需要说明的是:我们在前面的讨论中将战略规划工作定位为一种科学研究与行政工作相结合的工作。这两项工作在工作原则上泾渭分明。科学研究强调自由、创新、理性、求实、实证等精神,法国人巴斯德曾经说:"一个科学家应该考虑到后世的评论,不必考虑当时的辱骂或称赞。"在战略规划工作中,坚持科学精神是首先要做到的。行政工作强调秩序、执行以及上下级的关系,过分的求变、创新、独立思考一般是不被允许的。作为将这两个特色结合在一起的工作,战略规划在其前期研究阶段,应当更加重视自由、创新、求实等精神,准确把握规律,只有这样,战略规划的科学性才有保证。在调查研究工作相对告一段落,进入起草文本、论证以及相互衔接等工作程序后,强调战略规划工作的行政工作属性有利于将战略研究结论变为政府决策意志,统一相关部门之间的行动,为将来战略规划的顺利实施奠定基础。

(二)指导性

先讨论一下什么叫"指导性"。从字面上讲,"指导"是指"指示教导,指点引导"[①]。将这一解释与战略规划实践工作相结合,我们可以理解所谓战略规划的"指导性",应当包括两层意思:第一,战略规划对日常具体工作的约束或领导作用。通过战略规划管理工作,保证每一年、每一天甚至每一项工作均不是随意的,均是服从于或者围绕着一个明确的发展目标。正是由于战略规划对日常工作的"约束作用"或者"领导作用",所以战略规划是否具备指导性、科学性、可执行性等要求,一个政府、部门或者单位中的一般工作人员实际上是不太关心的,只有负有一定管理职责的负责人,甚至政府、部门、单位领导才对此高度关注。换言之,战略规划几乎就是领导的事情。领导依靠战略规划的研究编制明确发展目标甚至一个阶段的工作目标;依靠战略规划的实施来实现发展目标;甚至对于一般工作人员的工作绩效的考评等工作,也要依靠其在战略规划实施中分配给他本人的战略任务的完成情况作为主要指标之一。第二,战略规划对日常具体工作的指点和引导作用。实际上,从战略规划编制工作过程的讨

---

① 中国社会科学院语言研究所词典编辑室,编:《现代汉语词典》(第5版),商务印书馆,2005。

论中我们就已经意识到，任何一部战略规划，均是集体智慧的结晶，是由众多专家、学者和一线上富于经验的工作人员坐在一起，经过多次深入讨论，各类不同的观点相互碰撞、交融形成的，其代表着该领域的发展方向和最广泛人群的发展期望。因此，它必然对如何做好相关工作具有相当的指导和引导作用——这不是因为别的，主要是因为，正如前面已讨论的，参与战略规划编制的人员往往就是参与战略规划实施的人员，按照战略规划开展日常工作，实际上就是按照自己头脑中的项目开展日常工作——而这又有什么困难呢？当然，这仅仅是做的一种理论分析，好像有点臆想的成分，太理想，那么下面我们就看看在实际工作中的情况。

我国目前的经济体制主要是社会主义市场经济体制。所谓社会主义市场经济体制，在党的十四大报告中是这样说的："我们要建立的社会主义市场经济体制，就是要使市场在社会主义国家宏观调控下对资源配置起基础性作用，使经济活动遵循价值规律的要求，适应供求关系的变化；通过价格杠杆和竞争机制的功能，把资源配置到效益较好的环节上，并给企业以压力和动力，实现优胜劣汰；运用市场对各种经济信号反应灵敏的优点，促进生产和需求的及时协调。"[①]党的十八届三中全会又将市场的"基础性作用"改为"决定性作用"。

根据上述定义，为研究方便，我们可以画出图3-2，从中可以看出，参与社会主义市场经济建设的组织主要但不限于两类：政府及其各有关部门（含事业单位）、各类市场法人。如果不考虑中介等其他组织，政府推动经济发展主要靠发挥图3-2右侧的各类市场主体的能动性，对其追逐利润的天然属性进行挖掘和正确引导来实现。《中共中央关于建立社会主义市场经济体制若干问题的决定》提出的社会主义市场经济体制的基本框架表明：如何构建和动态调整它们之间的良性互动关系是社会主义市场经济体制建设的主要任务。

在图3-2所示的所有关系中，对市场经济体制发挥根本作用，进而会极大地影响经济发展的关系是政府和市场的关系，正是由于这一原因，十一届三中全会以来我国的历次改革均将处理政企分开的问题作为一个主要改革内容。在这些关

---

① 钟财，编著：《〈中共中央关于建立社会主义市场经济体制若干问题的决定〉名词术语解释》，人民出版社，1993。

系的调节中,战略规划可以发挥巨大作用,而发挥作用的规划具有两类:一类是由企业制定并实施的规划——企业战略规划(该类战略规划也可以由行业协会制定并组织作为协会会员单位的企业实施);另一类是由政府部门制定并实施的战略规划——政府战略规划。企业战略规划不是本书讨论的主题,这里暂不赘述。政府战略规划在其中主要起两方面的作用:

第一,"领导"或者引导企业(市场)的作用。在实际工作中主要是指宏观调控、市场失灵时提供公共服务,以及通过法律、政策等手段规范市场环境等,要解决的问题主要是:

——对所有企业行为(市场)具备什么期望?(经济规模、发展方式等)

——对企业行为制定的规则?

——企业之间关系的处理原则?

——为了促进企业按照政府的期望行事,政府需要开展的工作或者出台的具体措施?

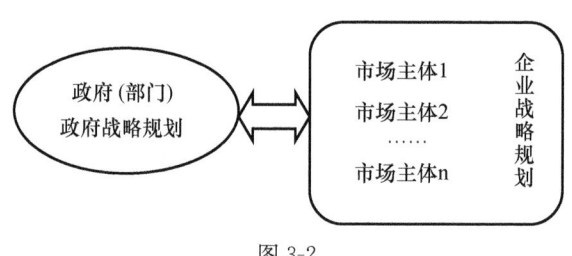

图 3-2

第二,政府(部门)自身的工作任务布局,主要对政府部门自身履行职责时涉及经济建设等事务,明确建设重点和工作步骤,确立一揽子解决计划等。从政府推动经济发展的角度来看,政府制定的战略规划的作用领域一般针对需要由政府提供公共服务的领域。

第一类,即引导的作用,其指导性是显然的。企业是企业家的,是投资者的,不是政府的。所以,在具体经营上,政府是不能对其具体的经营行为随便指手画脚的,例如,我作为企业主,如果今天不高兴,我可以放假一天,如果这么做不违背法律的话,政府对此不应当有意见。所以政府战略规划对企业,或者是对市场,只能是一种引导、指导作用。

第二类,对政府自身事务的统筹布局上,政府确立工作重点,明确战略任务等就是战略规划工作。根据前面我们对政府战略规划的定义,战略规划仅仅明确了政府部门所要完成的主要任务,而对需要配置的资源仅仅明确了配置方式和渠道,需要配置的准确资源量需要通过财政预算手段等进一步明确。因此,对于政府战略规划,将一项战略任务列入战略规划,仅仅意味着政府部门需要完成这一任务,或者对于完成这一任务感兴趣,但绝不意味着这一项列入战略规划的任务(也包括规划项目)必须被实施。因此,与我国计划经济时期的"长期计划"不同,政府战略规划多了"指导性",少了"刚性"或者"命令"的意味。这也就是为什么战略规划需要评估和调整的原因。

(三)可操作性

可操作性也就是可执行性——言外之意就是:战略规划是可以执行的。这一条特色在日常实践工作中被作为要求提出,主要是针对战略规划容易被当作"墙上挂挂"的"画"——中看不中用这一现象。具体到工作实践中,强调战略规划的可操作性,或者可执行性,到底意味着什么?什么样的战略规划才符合这一条要求呢?这一问题的影响因素很多,但是作者认为以下两条是最重要的:

第一,主要任务的实施机制是明确的而且是可行的。在第二章中,我们已经讨论过,所谓实施机制,目前战略规划实践中一般至少包括两大类:一是战略行动和规划项目(因为两者大体相似,我们以下均采用规划项目这一术语)。规划项目是将规划任务与资源配置方式进行整合配比,从而为完成规划任务服务的一种机制。只有一个规划项目任务明确,并且资源配置方式得当,这一规划项目才能够付诸实施,相关的规划任务也才能得以完成。因此,一项战略规划中,在明确规划任务的基础上,将战略规划任务进行重新包装,明确战略规划项目是至关重要的,直接与这一战略规划是否会很好的得到实施密切相关。目前,尤其是在建设类战略规划中,规划项目已经是一项必需的工作。例如《"十二五"国家级专项规划汇编》[①]中所列入的几乎所有规划均以各种方式明确规划项目(也有称为"重大工程"),该汇编中《全国现代农业发展规划(2011—2015年)》的第五

---

① 国家发展和改革委员会,编:《"十二五"国家级专项规划汇编》(第一辑、第二辑),人民出版社,2012。

章"重大工程"明确了 14 项重大工程;《全国新增 1000 亿斤粮食生产能力规划（2009—2020 年)》也在第六章"主要建设任务和工程"中明确了 8 项重点工程。二是相关政策。在我国政府及有关部门仍然肩负着组织发展经济这一重任的情况下，经济发展规划目标最终是要依靠市场来达到的。我们也知道，在一个成熟的市场经济体制下，政府和市场相对独立。因此，如何通过制定政策，挖掘市场主体的积极性，同心协力促进经济发展就成为战略规划的一项重要任务，因此，在战略规划明确了发展任务的同时，需要市场主体参与实施的战略规划均应明确相应的配套政策，以利于方便市场的参与，共同完成预定规划任务。在这一情况下，配套政策是否具有针对性，政策制定、执行等各环节的工作是否得当，均与该战略规划能否得到很好的实施有关。因此，配套政策是衡量战略规划可操作性或者可执行性的第二个重要指标。举一个例子国务院于 2010 年颁布实施《全国主体功能区规划》（以下简称《规划》)[①]，将全国划分为优化开发区域、重点开发区域、限制开发区域、禁止开发区域。其中限制开发区域又进一步细分为农产品主产区和重点生态功能区。对于每一类地区，《规划》还进一步明确了功能定位、发展方向和相应的区域范围。按照国务院要求使这一《规划》真正成为我国国土空间开发的战略性、基础性和约束性规划，将经济社会各个领域的活动规范在每一类区域的功能定位和发展方向内，从而"推进形成人口、经济和资源环境相协调的国土空间开发格局"，就需要政府、政府有关部门、各类市场主体和各类社会组织的共同参与，必要的配套政策——每一类组织的活动准则，应当同步提出并在实践中得到切实贯彻执行就是一个必须要明确的事项。正是基于这一考虑，《规划》在第十一章明确了相关配套政策——涉及财政、投资、产业、土地、农业、人口、民族、环境、应对气候变化 9 个方面的政策。这些政策的提出是保证《规划》得以严格实施并取得预期规划效果的最重要的因素。

第二，配置资源的战略规划条文是能够被执行的。从前面几章的讨论中我们实际上可以推论出：战略规划从内容框架上讲，可以看作是由两大块组成的：一是战略思路、战略目标和主要任务等主要规划对象关于如何发展的一系列内容；二是为保证实现这些发展设想变为现实，也就是贯彻战略思路、实现战略

---

① 见 http://www.gov.cn。

目标、完成主要任务，所需要的一系列措施。因为这些措施是保障战略规划中各发展事项的，因此，在战略规划编制中一般被称为"保障措施"。当然，随着战略规划理论的不断完善，战略规划的内容日渐丰富，目前除上述两个部分外，还有两个部分内容被日渐重视——一是作为战略规划实施机制的战略行动和规划项目，二是在日常工作中组织实施这一战略规划的策略（在一般的战略规划中，一般将这一部分内容命名为"规划实施"）。为更加清楚起见，我们用图3-3来表述。

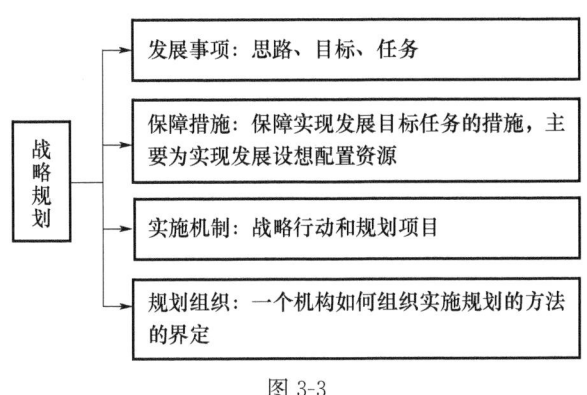

图 3-3

在图3-3中，第二、三项就是我们通常所说的保障战略规划得以实施的措施，从本质上说，这些措施均围绕如何为完成战略规划任务筹集必要的人、财、物等资源，也就是战略规划实施过程中配置资源的方式——既包括政府资源如何配置，也包括如何发挥市场配置资源的决定性作用。所以，提高一项战略规划的可操作性，就是要明确确立这一部分的规划内容，并保证其在实施阶段发挥作用。而这需要两个前提条件：第一个是，要使这一部分规划内容准确，无论在表述方式上，还是内容上均要准确，要符合当前政治、经济体制机制等大的政策环境；第二个是，鉴于保障部分的规划内容在一般情况下均超出战略规划编制部门的职责，是否可以付诸实施需要商其他部门。因此，将编制完成的战略规划征求有关部门的意见，并取得有关部门的共识就十分重要。这是在战略规划编制程序上保证战略规划具备可操作性的关键。

第五节　政府战略规划的作用分析

战略规划的作用问题一直是一个备受争议的问题，一些专家认为其发挥的作用是巨大的，另一些专家则认为其没有什么实质用途。马浩[①]在《管理决策：直面真实世界》一书中认为，管理决策不可能做到完全理性，一般是在有限理性的情况下做出的。基于此，他不太赞同战略规划工作，在谈论战略规划时，他略带讽刺地说："笔者倒是见识过诸多大公司宏大的战略规划部。他们或者沉溺于基本上跟战略毫无关系的事务性运作，或者乐此不疲地做着自娱自乐的战略规划。一个公司战略规划书的精美程度，主要取决于战略部当年新招的大学毕业生做PPT的水平。"

政府部门重视并持续开展战略规划工作，绝不是毫无目的的。由政府及其相关部门正式印发的各类战略规划文件也绝不是"纸上画画，墙上挂挂"的"泥菩萨"，而是通过一定的方式发挥其对经济建设、政治建设、文化建设、社会建设和生态文明建设的协调、指导、推动、约束等作用。所以，可以说，政府战略规划是一类功能强大的政策工具。根据前面几章的分析，其通过深入研究发展形势、客观总结发展基础、准确把握发展规律来明确发展方向，理清发展思路，确定发展目标，布局发展任务，凝练重点项目，配置发展资源。在此基础上，发挥统一发展思想、统一发展步调、明确发展步骤、动员发展资源的作用。通过战略规划研究编制、组织实施、监督评估等战略规划管理工作环节，系统化、有序化地推动发展。

5.1　统一发展思想

能够为发展统一思想应当是一个政府战略规划所具备的最基本的功能。所谓统一发展思想，字面上就是要使参与推动发展的所有人——包括自然人和法人，形成统一的发展共识和思路，从而保证在推动发展的过程中，形成心往一处想，劲往一处使的形势。其中统一的发展思路包括如下几个要素：

---

① 马浩，著：《管理决策：直面真实世界》，北京大学出版社，2016。

——明确一致的发展方向；

——与能力相匹配的发展目标和发展预期；

——清晰的发展路径及发展事项的优先顺序；

——目标—任务—资源之间合理的匹配关系。

要发挥政府战略规划统一发展思想这一作用，就必须做好战略规划研究编制相关工作。关于战略规划编制工作，我们在后面还会讨论。最主要的包括两个阶段：一是战略规划研究阶段，二是战略规划编制工作完成后的工作阶段。发展思想、发展思路是通过对发展形势、发展规律等的深入研究而形成的。而发展思想、发展思路能否根植于人心，被最广大人民群众信任，关键在于其是否符合客观发展规律，是否科学。而要使其具备科学性，正如上一节所讨论的，对发展形势、发展规律的把握就必须准确。因此，在战略规划编制工作中，研究工作是核心工作，承担十分重要的角色。对研究工作，有两个基本要求：第一，调查要深入、全面，数据要翔实、准确，研究结论要依据充分，特别是在社会主义市场经济条件下，政府与市场之间的关系一直处于不断调整之中，准确把握市场规律，是政府做好规划引导，推动经济科学发展的关键。当前，战略规划界经常被抱怨内容空虚，所谓"规划——鬼话""纸上画画，墙上挂挂"，其原因大多与前期调查研究工作不够，战略规划编制滑入形式主义泥潭所致。第二，调查研究工作所动员的力量应当尽量广泛，尽量吸收最广大人民群众参与其中：一方面可以使战略规划充分反映最广泛的意见；另一方面在研究阶段，让相关各方充分参与酝酿战略思路和发展思想，使发展思路不断浸染相关各方，并使其最终变为自觉行动，从而为战略规划的最终实施铺平道路。

5.2 统一发展步调

战略规划所具有的"统一发展步调"的作用，并不是要求通过战略规划，来保证全国或者某一行业发展思路、发展重点、发展方式、发展速度等的整齐划一、"一刀切"，像大炼钢铁年代那样"全国人民齐步走"，而是注重于在统一要求下，全国范围内的发展在思路、重点、速度、模式、计划等方面的协调，从而实现发展的"因地制宜""因时制宜"和"因事制宜"。之所以强调是在"统一要求下"，主要是想表明战略规划指导下的"发展"是"可控的"或者是"可预测的"。其主要有三层意思：

——统一要求。主要体现在在发展形势的判断上，在发展方向和趋势的把握上以及在发展的过程中应当遵循的基本原则等方面要求要在全国范围内统一（当然，作为以一定区域为战略规划对象的战略规划，在这些方面更应当要求统一）。

——因地制宜。根据不同地区的发展水平、不同时期经济社会发展情况、不同地区在不同时期的发展中心，在统一要求下，合理确定发展任务，并制定发展政策，即"任务"和"政策"要因地制宜。

——相互协调。不同地区、不同领域、不同时段的发展任务和政策应当体现合理分工、相互补充衔接的特征，避免重复建设并防止遗漏。

要发挥战略规划统一发展步调的作用，当然要准确把握发展形势和发展趋势，但关键还是要处理好战略规划之间的关系。我们在前面已经讨论过战略规划体系的问题，所谓"体系"，实际上就是要求战略规划之间要相互衔接、合理分工。对我国来讲，目前我国实行分部门管理体制，为维护好战略规划"体系"，国家总体战略规划应当通过建立一种打破部门管理体制的运行机制，尽量避免分部门管理带来的弊病，发挥分部门管理带来的长处，扬长避短，促进资源充分共享、应用。同样地，针对我国分级管理所带来的弊病，国家总体战略规划应当通过建立适当的机制，充分发挥分级管理的长处，尽量避免这一体制所带来的短处和弊端。

要做到这一点，就必须重视各类不同战略规划之间的关系，保证战略规划之间真正"体系化"。其主要有两点：第一，战略规划的审批。前面我们已经讨论过，各类专项规划、区域规划、行业规划等的编制工作是遵循"国家总体战略规划"要求而开展的。那么，其是否符合总体规划的要求，就需要一定的行政程序来认定。鉴于国家总体规划和各类其他规划之间存在的关系一般为指导关系，由国家总体规划主管部门对各类专门规划实施审批认定的方式，应当较为合理。第二，战略规划之间的衔接。不同的专项规划、区域规划、行业规划等之间是相互配合的关系，相互之间的协调统一需要进一步加强相互之间的衔接。目前，工作实践中，衔接一般通过发文件的方式对规划相互提意见，效果十分有限，应当进一步创新工作方法，做深做细战略规划相互衔接工作。

5.3 明确发展步骤

从图 2-1 可以看出，明确发展步骤的实质是要明确战略行动的时间安排，属于战略行动规则范畴。一部战略规划，确定了一系列战略行动。每一项战略行动何时被付诸实施，并不是随意确定的，必须根据战略规划对象的性质以及战略规划实施的具体要求合理确定。一般地，战略规划在明确一系列战略任务、战略行动之后，还会对每一项任务何时被实施、每一项战略行动何时被执行、每一项规划项目何时上马做出规定——这通常被称为制定时间表和路线图。由于时间表和路线图的制定贯穿战略规划编制全过程，是在经过深入调查研究的基础上提出，并经过严格的行政程序审查，因此是最符合战略规划实施要求的。时间表和路线图的执行和严格执行是推动经济有序发展的重要抓手。

对于国家总体战略规划而言，情况有些不同。宏观上，经济的协调发展需要统筹好不同领域、不同地区的发展步伐。有些领域需要先发展，以便为其他领域的发展提供基础；而有一些领域则需要后发展，因为它可能以其他领域的发展成果为发展条件。一般地，基础产业属于需要先发展的领域，而最终消费品的发展则属于后发展的。但是不管先发展，还是后发展，均服从于一个要求。这一要求来源于国家在某一个规划期的总体战略规划要求。在战略规划实践中，不同领域、不同地区的发展问题一般会交由具体的专项规划、行业规划或者区域规划来进一步谋划。由此，对不同领域、不同地区发展的时间安排就演变为对不同专项规划、行业规划、区域规划的实施时间做出合理安排。因此，国家总体规划一旦编制完成，理论上区域规划、行业规划、专项规划等战略规划编制时间、编制要求、实施时间等要素均为已知。

例如，《国民经济和社会发展第十三个五年规划纲要》明确全面建成小康社会的时间是 2020 年，那么，各类"十三五"专项规划、区域规划、行业规划等规划实施的时间安排均要服从这一时间要求，从 2020 年这一时间点向前做合理推算，确定各战略规划的实施时间。在确定各战略规划实施时间要求后，再据此分别确定每一战略规划任务的时间表和路线图。

第四章
政府战略规划的管理

正是因为政府战略规划具备一些实实在在的功能，所以，它才成为政府部门履行政府职能，加强对经济社会进行管理和服务的一个强有力的工具。基于此，在讨论了政府战略规划内容框架之后，我们接着讨论了政府战略规划所应当具备的功能，并进而讨论了其在政府宏观管理和推进经济社会发展中的作用问题。下面，我们要用一章的篇幅，探讨在社会主义市场经济体制下，政府战略规划管理工作的基本内涵、主要环节，以及为适应战略规划管理工作，政府需要在体制运行机制等方面需要做出的调整。通过本章讨论，力图理清如下主要问题：

1）政府部门战略规划管理的必要性在哪里？
2）在现行体制下，政府战略规划管理的优势和好处在哪里？
3）政府战略规划管理的具体工作内容有哪些？
4）政府战略规划管理工作方法有哪些？

第一节 什么是政府战略规划管理工作

从第二章的有关讨论中，我们可以获得一个印象，就是政府战略规划对于政府行使经济管理、市场调节、公共服务等政府职责十分重要。其重要性来源于战略规划所具有的分析形势、把握趋势、研究规律、确立目标、布局任务、制定政策和配置资源等功能。正是因为战略规划具备这些能力，所以，战略规划理论上应当成为政府部门日常工作所遵循的"纲""主线"和"统领"。在战略规划指导下的政府管理工作,目标应当更易聚焦,工作效率、效果应当更加显著。但是,要真正发挥战略规划的"统领""主线"作用,除了通过深入研究、科学编制,使战略规划确实具备上述功能外,还需要政府部门建立一套完整的战略规划管理制度,并严格规范战略规划管理工作,以保证战略规划的上述功能能够从"纸上"落到"地面上"。而这一系列工作就是政府战略规划管理工作。

  所谓政府战略规划管理工作,就是为了促使政府战略规划在政府工作中发挥"龙头"和"枢纽"作用,围绕战略规划的研究编制、贯彻实施、效益评估等各个工作环节,而开展的一系列制度建设和组织管理工作。

在这一定义中,制度建设占据十分重要的位置——关于这一点,我国战略规划实践工作仍然没有被完全认识到。当前,根据我国体制现状,应当尽快通过立法和制定相关政策措施等手段,尽快建立我国战略规划管理制度,通过法律赋予战略规划对政府推动发展相关工作的"龙头"地位,并通过制度建设,形成保障战略规划从研究起草、经由实施并最终发挥对经济社会发展指导作用的有效机制。

政府战略规划管理工作的目标是保证战略规划成为政府工作的"龙头",发挥"主线""统领"和"枢纽"的作用。如图4-1所示,通过战略规划管理工作,使战略规划成为政府各项工作的指导、约束、协调,使政府各项工作能够围绕战略规划的各项安排开展。其中较为重要的有两点:第一,政府各项工作的安排计划要受战略规划所确定的计划的制约,计划进度、工作阶段性成果要服从战略规划的安排;第二,政府开展各项工作,其中主要是为促进发展而研究制定有关政策以及对各类资源进行直接配置,所涉及的机制、方式等事项要服从战略规划的安排。关于这一条,在实际工作中,主要表现为:为推动发展需要改善市场环境,需要研究制定政策时,这些政策应当是在战略规划中明确过的,主要政策内容应当服从战略规划所确定的发展方针和基本原则等;为推动发展需要通过搞建设改善发展的基础设施、技术环境时,相关的建设项目应当是在战略规划中明确过的，并且其建设内容、资源配置方式、资源配置量等均是确立了的。另外，由于战略规划是在对发展趋势、发展方向等事项进行深入研究基础上制定的，其确定的发展目标和任务也是跨年度的，因此，政府战略规划管理工作也是保证政府工作稳定性，政府工作目标不致出现大幅度摇摆的基本保证。

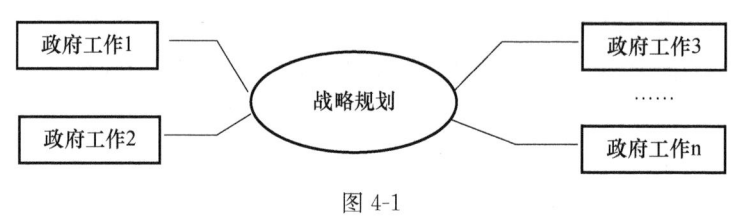

图 4-1

战略规划管理工作将主要围绕以下主要工作环节展开：

——组织开展战略研究和规划编制工作。其中包括确立总体目标和总体战略发展思路，分不同领域对战略任务进行规划，以及相应的咨询、论证、衔接协调等工作。

——组织对编制完成的战略规划进行审核、认可的相关工作。鉴于我国国情的复杂性，战略规划的编制和对战略规划的审核认可采用从总体目标到分领域目标的层层控制的方法。具体机制和相关工作组织方式在本书后面还有详细讨论。

——组织战略规划的实施。这是战略规划管理工作的核心。其主要内容是：将战略规划所确定的跨年度任务按年度进行分解，并监督纳入相关部门和单位年度工作计划的过程。

——开展战略规划效果评估和绩效考评等。这既是对战略规划执行情况的一个检验，对一个阶段发展情况的总结，同时也是对战略规划管理工作本身进行总结检讨的过程。

第二节　政府战略规划管理工作主要参与者

在明确了政府战略规划管理工作的定义之后，下面，我们将讨论一下政府战略规划管理工作需要由哪些政府部门和社会组织参与。我国是一个大国，政府与市场、政府部门与政府部门之间的关系异常复杂——即使紧紧围绕战略规划管理这一项工作，其相互关系也异常复杂。况且，政府与市场之间的关系也正在全面深化改革的推动下经历剧烈的变动。因此，具体到某一政府部门在战略规划管理工作中的职责定位及相互工作关系也处于剧烈的变动之中。因此，本节的内容，重点在于讨论哪些部门应当参与战略规划管理，至于实践中是一个什么样的状况，我们将其作为另外一个问题进行讨论。

根据前面对政府战略规划的主要内容以及战略规划管理工作的分析，要真正发挥战略规划工作对推动经济社会发展和规范政府工作效能的作用，参与战略规划管理工作的各个职能组织之间就必须建立流畅的工作流程、科学的工作模式和和谐的工作关系。一般地，或多或少参与战略规划工作的职能组织有如下几类：

——战略规划管理部门。其具体职责如下：（1）组织战略规划研究咨询；（2）负责战略规划编制方案的提出、论证等方面的具体组织工作；（3）组织实施战略规划，并在其中发挥协调和监督作用；（4）组织战略规划实施效果评估和修编等工作。考核战略规划管理部门工作成效的主要标准是：战略规划编制得是否科学和符合实际；通过战略规划实施是否实现战略规划目标；对后续战略规划管理工作的安排是否得当。战略规划管理部门一般是政府部门。

——承担战略规划研究咨询具体任务的组织。其主要职责是：接受战略规划管理部门的委托，完成既定咨询任务。咨询任务一般分为两类：一类为研究咨询，针对某一发展事项，由某一组织进行专门研究并最终提供研究报告供战略规划决策参考；另一类为论证咨询，在战略规划管理部门基本形成战略规划决策时，委托中介咨询机构对其科学性等事项进行论证咨询。目前这一类咨询在我国仍不普遍，业务数量极其有限。这一类单位可以是政府事业单位，也可以是社会上的咨询、智库、科研组织。

——承担战略规划实施具体任务的组织。其主要职责是：根据战略规划管理部门关于战略规划实施的安排，将战略规划年度实施任务列入本部门或者单位年度工作计划并组织完成。对于主要由市场调配资源的战略规划，承担战略规划实施的单位一般为社会组织；对于以对政府资源进行配置，以改善发展环境、提供公共服务为主要规划目的的战略规划实施，承担实施任务的一般为政府事业单位以及受委托提供相关服务的社会组织。

——承担战略规划审查职责的组织。其主要职责是：履行战略规划审核行政程序，并最终批准战略规划。这一组织应当是对"发展事项"——包括发展方向、发展目标和任务措施等——具有最终决策权的组织，一般由法律或者其他组织授予行政权力。一般地，对战略规划最终审查批准的组织往往也是同意或者批准开展战略规划研究制定工作的组织。其一般为一级政府或者其指定的部门。

上述讨论仅仅是从简单模型思维的角度出发进行的讨论。实际情况要复杂得多。根据第三章的讨论，一个国家的政府战略规划实际上是一个体系，是关于整个国家经济发展的一揽子的想法、计划和谋划。经济发展涉及方方面面，几乎所有的组织和个人均参与其中。这也就意味着，几乎每一个组织、每一个人均会自觉或者不自觉地参与到国家战略规划体系的各个方面的工作。只是在讨论某一具体领域或者某一个专项规划时，上述模型式的讨论才具有参考意义。

第三节　政府战略规划管理的主要工作内容

从前面几节的分析可以看出，正确而全面地理解政府战略规划管理的内涵，需要把握如下两点：第一，战略规划管理工作的实质是以战略规划所确定的一系列目标和任务为纽带，调配资源并合理有效使用资源的过程。即如何围绕目标和任务，灵活运用市场和计划手段最大限度地发挥人、财、物等资源的效益，从而推动政府部门政务目标的实现。这是从发展目标、任务、资源配置的角度来看，我们所获得的关于战略规划管理的认识。第二，一项战略规划所决定的发展事项一般不是靠单一年度的工作就能完成的，而可能是需要许多年——例如在我国战略规划实践中一般为五年或者十年——我们通常将这一时间段称为规划期。从这一角度，又可以将战略规划近似地理解为是关于一个特定时间段内年度工作项目的集合，也就是说将规划期内所有年份年度工作加起来就构成了这一时间段内的战略规划。当然，这是一种不严格的理解，因为从理论上讲，战略规划是在一系列调查研究基础上，围绕政府愿景而提出的一系列具体发展事项，其中包括需要开展的建设任务和需要制定的政策措施，是为了某种"发展期望"而"应当做"的事情的集合。但是这些事情是否能做，还要看其他一些因素是否满足。一个极端的例子是：假如某地为了发展认为"种植某种作物"为"应当做"的事，则"种植某种作物"就成为该地区战略规划明确的发展事项。其最终是否能够实现，就并不是完全确定了的。例如，如果出现如下情况，这一发展事项就将难以实现：

1）由于地震、洪水等灾害发生，这一地块已不能满足种植作物了；
2）缺乏资金、人员等必备的资源；
3）计划变更等。

所以，战略规划所确定的年度任务，与实际年度工作计划之间一般存在一些差异。但是，这些差异一般不是根本性的，年度工作计划与战略规划年度工作任务之间的有机联系仍然是占主流的。

正是由于这一原因，实践上往往将战略规划界定为对年度日常工作具有指导作用——它不能决定年度日常工作的全部工作内容，但能决定年度工作的主要内容——这对于以促进经济发展为主要职责的众多经济部门来讲更是如此。另外一些工作内容一般会根据年度工作重点合理安排。

从上述讨论，我们可以进一步推论，战略规划管理工作的一个重要内容，就是要对战略规划所确定的发展目标和发展任务按年度进行分解，明确每一项年度任务的责任主体，将其纳入年度工作计划之中，并监督执行。从后面的讨论我们可以知道，这实际上是对战略规划进行组织实施的主要工作内容。将这一内容加上前面几章所讨论的战略规划的研究及编制等工作，可以得出战略规划管理工作主要包括四大块工作内容，或者说四个工作阶段，即研究咨询阶段、研究编制阶段、组织实施阶段和总结评估阶段。主要工作列入表4-1。

表4-1 政府战略规划管理的主要阶段及内容

工作阶段	主要工作内容	责任主体及工作机制	工作预期成果
研究咨询工作	组织对相关问题开展调查研究工作，主要包括下列几个部分：（1）国内发展基础及发展政策、法律、技术、需求等环境分析；（2）国际同行业发展现状评析及我国的对策研究；（3）问题分析及解决途径；（4）发展趋势和发展规律及阶段性特征研究；（5）发展思路、目标及任务的时间及空间布局研究；（6）发展政策研究	由战略规划管理部门通过公开选择形式，选择科学研究机构、大学等研究咨询机构承担。双方通过合同约束，经过一定认可程序对相关研究咨询成果予以认可	各类研究报告

续表

工作阶段	主要工作内容		责任主体及工作机制	工作预期成果
研究编制过程	制订工作方案	确立战略规划愿景及与发展相关的指导思想和原则，形成工作组织和工作机制，明确预期工作成果、工作计划等事项	战略规划管理部门负责提出，按照法定的行政程序获得认可	通过行政认可的《工作方案》
	形成战略规划方案*	（1）吃透研究报告；（2）对资源配置方式进行研究，对可资利用的资源量进行测算；（3）结合实际对发展目标、任务进行进一步确认；（4）在明确任务和资源配置的前提下，提出战略规划项目；（5）提出战略规划实施的具体措施建议。在这些工作基础上形成战略规划文本	由战略规划管理部门委托专门机构，或者组织专门工作班子完成	战略规划文件草稿
	论证衔接	对战略规划文本的科学性、与相关领域的战略规划在目标、任务等方面的相互衔接关系进行把关。对战略规划文本的可行性，从技术可行性、资金保障可行性等方面进行把关	由战略规划管理部门通过广泛征求意见、组织专家研讨等方式进行。在充分酝酿并经过反复修改后，应当提交专家委员会或者专门咨询机构进行论证并提出正式论证意见	
	行政审查	根据规定的程序对战略规划的科学性、可行性、可操作性、指导性等方面进行全面审查，并获得行政认可的过程	由法定部门进行组织审查	获得批准的战略规划
	印发及公布	将获批准的战略规划在一定范围内公布的过程	由战略规划管理部门负责公布	
组织实施	明确年度实施计划及分工	将战略规划所确定的各项任务按年度进行分解，形成战略规划年度工作计划，并对每一项年度工作进行分工	战略规划管理部门负责牵头编制，并经过法定的行政审查认可程序	经过批准的战略规划任务年度实施计划及分工表
	列入年度工作计划	由相关单位或者部门按照分工，将战略规划年度实施计划纳入本单位或者部门年度工作计划中	战略规划实施具体承担单位或者部门	
	重大项目工作	根据战略规划所确定的任务或者提出的重大项目建议，战略规划实施部门按照分工开展项目规划设计工作，推动项目立项并实施的过程	相关单位或者部门	重大项目立项有关成果

续表

工作阶段	主要工作内容	责任主体及工作机制	工作预期成果
总结评估	对战略规划执行效果进行评估，对发展形势、发展环境、发展路径等事项进行研究并校准，对发展成果进行总结，对战略规划在适应发展形势等方面的情况进行评判，提出战略规划管理下一步工作建议	战略规划管理部门牵头	经过行政审查认可的评估报告

* 我们在此之所以用"战略规划方案"这一术语，主要是考虑到经济社会系统是一个高度复杂的巨系统，单靠一部战略规划不能承担对所有经济社会领域的发展进行统筹安排这一任务，一般会设计多组相互衔接配套的战略规划共同对经济社会各领域的发展进行统筹安排。在实践中，这多部战略规划构成规划体系（参见国务院2006年印发《关于加强国民经济和社会发展规划编制工作的若干意见》），关于政府战略规划体系的问题我们在本书前面已进行过讨论。

第四节 战略规划管理程序

我们在上一节中讨论的战略规划管理工作主要内容，尤其是四个阶段中每一阶段的工作内容，似乎与行政决策工作有所区别，而更像科学研究工作。但是，实际上，我们也已经知道，在我国现行政府职责中，以"战略""规划""战略规划"甚至"计划"等字眼描述的战略规划工作，已经成为政府各重要部门的一项十分重要的政府职责。围绕战略规划的制定、实施和监督评估已经成为我国政府部门一项十分重要的职责（参见专栏4-1、表4-2）。这就表明，战略规划工作本质上不是科学研究工作，而是货真价实的行政工作或者政务工作。

专栏4-1 我国对战略规划的定位及职能定位

——国家战略规划属于宏观调控手段之一，"是社会主义市场经济体制的重要特征，具有鲜明的中国特色"。国家战略规划，作为战略规划的一类，是指"政府对国民经济和社会发展在时间、空间和制度上的战略部署或具体安排，是政府履行宏观调控、经济调节和公共服务职责的重要依据"[①]。规划有四个基本作用：一是经济社会发展的宏伟蓝图和行动

---

① 张平，主编：《中国改革开放1978—2008》（综合篇·上），人民出版社，2009。

纲领，二是宏观调控的重要手段，三是集中力量办大事的有效方式，四是政府履行社会管理和公共服务职责的重要依据。

——1992年10月，党的十四大报告指出："政府的职能，主要是统筹规划，掌握政策，信息引导，组织协调，提供服务和检查监督。""国家计划是宏观调控的重要手段之一。要更新计划观念，改进计划方法，重点是合理确定国民经济和社会发展的战略目标，搞好经济发展预测、总量调控、重大结构与生产力布局规划，集中必要的财力物力进行重点建设，综合运用经济杠杆，促进经济更好更快地发展。"

——1993年11月党的十四届三中全会通过的《中共中央关于建立社会主义市场经济体制若干问题的决定》（21）"加快计划体制改革，进一步转变计划管理职能。国家计划要以市场为基础，总体上应当是指导性的计划。计划工作的任务，是合理确定国民经济和社会发展的战略、宏观调控目标和产业政策，搞好经济预测，规划重大经济结构、生产力布局、国土整治和重点建设。计划工作要突出宏观性、战略性、政策性，把重点放到中长期计划上，综合协调宏观经济政策和经济杠杆的运用。建立新的国民经济核算体系，完善宏观经济监测预警系统。"

——党的十五大报告要求"要深化金融、财政、计划体制改革，完善宏观调控手段和协调机制"。

——党的十六大报告要求"完善国家计划和财政政策、货币政策等相互配合的宏观调控体系，发挥经济杠杆的调节作用。深化财政、税收、金融和投融资体制改革"。

——党的十八大报告中"计划"一词仅出现一次，说的还是计划生育。尽管在报告中没有明确战略规划的定位，但是，刘鹤在十八大报告解读文章中，明确提出"要健全财政政策、货币政策和国家规划等多种政策工具"。

——2003年10月14日，中国共产党第十六届中央委员会第三次全体会议通过的《中共中央关于完善社会主义市场经济体制若干问题的决定》

指出："完善国家宏观调控体系。进一步健全国家计划和财政政策、货币政策等相互配合的宏观调控体系。国家计划明确的宏观调控目标和总体要求，是制定财政政策和货币政策的主要依据。""转变政府经济管理职能。深化行政审批制度改革，切实把政府经济管理职能转到主要为市场主体服务和创造良好发展环境上来。加强国民经济和社会发展中长期规划的研究和制定，提出发展的重大战略、基本任务和产业政策，促进国民经济和社会全面发展，实现经济增长与人口资源环境相协调。""国家主要通过规划和政策指导、信息发布以及规范市场准入，引导社会投资方向，抑制无序竞争和盲目重复建设。"

——党的十八届二中全会通过的《国务院机构改革和职能转变方案》提出："对已列入国家有关规划需要审批的项目，除涉及其他地区、需要全国统筹安排或需要总量控制的项目以及需要实行国家安全审查的外资项目外，在按行政审批制度改革原则减少审批后，一律由地方政府审批。""改善和加强宏观管理。强化发展规划制订、经济发展趋势研判、制度机制设计、全局性事项统筹管理、体制改革统筹协调等职能。"要求要"加强对投资活动的土地使用、能源消耗、污染排放等管理，发挥法律法规、发展规划、产业政策的约束和引导作用"。这说明发展规划仍然对投资活动具有约束作用。

——《国务院关于投资体制改革的决定》（国发〔2004〕20号）指出："编制政府投资的中长期规划和年度计划，统筹安排、合理使用各类政府投资资金，包括预算内投资、各类专项建设基金、统借国外贷款等。""国务院有关部门要依据国民经济和社会发展中长期规划，编制教育、科技、卫生、交通、能源、农业、林业、水利、生态建设、环境保护、战略资源开发等重要领域的发展建设规划，包括必要的专项发展建设规划，明确发展的指导思想、战略目标、总体布局和主要建设项目等。按照规定程序批准的发展建设规划是投资决策的重要依据。"

西方公共管理经典理论对于公共政策分析具有系统化的理论研究，将公共政策分析过程分为决策咨询及选择、决策执行及决策评估等几个阶段。政府战略规划，作为政府决策工作的一种，也至少包括这三个方面的工作内容，并通过制度建设和加强日常行政管理来不断提高政府战略规划的行政执行力，保证其在推进经济发展中发挥其应当发挥的作用。

表 4-2 部分国务院有关部门"三定职责"中的战略规划工作

序号	部门名称	"三定职责"中的战略规划工作
1	环境保护部（规划财务司）	参与制定国民经济与社会发展规划和主体功能区规划。组织编制综合性环境功能区划和环境保护规划，审核专项环境功能区划和环境保护规划。组织实施环境保护目标责任制。组织审核城市总体规划和其他部门规划中的环境保护内容
2	国家卫生和计划生育委员会（规划与信息司）	拟定卫生和计划生育事业中长期发展规划，承担统筹规划与协调优化全国卫生和计划生育服务资源配置工作，指导区域卫生和计划生育规划的编制和实施
3	住房和城乡建设部（城乡规划司）	组织编制和监督实施全国城镇体系规划；承担国务院交办的城市总体规划、省域城镇体系规划的审查报批和监督实施
4	交通运输部	承担涉及综合运输体系的规划协调工作，会同有关部门组织编制综合运输体系规划，指导交通运输枢纽规划和管理
5	科学技术部	牵头拟定科技发展规划和方针、政策。负责编制和实施国家重点实验室等科技基地计划，会同有关部门拟定重大创新基地建设规划，参与编制国家重大科学工程建设规划。制定科普规划和政策
6	工业和信息化部	提出新型工业化发展战略和政策，协调解决新型工业化进程中的重大问题，拟定并组织实施工业、通信业、信息化的发展规划。拟定高技术产业中涉及生物医药、新材料、航空航天、信息产业等的规划、政策和标准并组织实施。组织拟定重大技术装备发展和自主创新规划、政策。统筹规划公用通信网、互联网、专用通信网，依法监督管理电信与信息服务市场
7	水利部	负责保障水资源的合理开发利用，拟定水利战略规划和政策，起草有关法律法规草案，制定部门规章，组织编制国家确定的重要江河湖泊的流域综合规划、防洪规划等重大水利规划
8	国家测绘地理信息局	拟定测绘事业发展规划，会同有关部门拟定全国基础测绘规划

为了更加清楚地说明这一点，我们现在假定：

政府部门委托某一社会组织通过开展大量的调查研究，形成了关于某一发展事项的战略规划建议，我们称其为 P1。

P1 经由论证、衔接及审核等程序，具备程序的合法性后，由决策咨询建议，演变为体现政府意志的政府决策，我们称其为 P2。

P2 经过政府部门的组织实施，最终落地（不一定是百分之百落地），产生发展后果 D。

政府部门在合适的时候，委托专门机构对 D 是否符合 P2 的要求进行评估检验，如果符合要求，则 P2 被执行完毕，转入下一个发展规划阶段；如果 D 不符合 P2 要求，则分析原因，或者对 P2 进行调整——我们通常称其为规划修编，或者对实施政策和措施做出调整（图 4-2）。

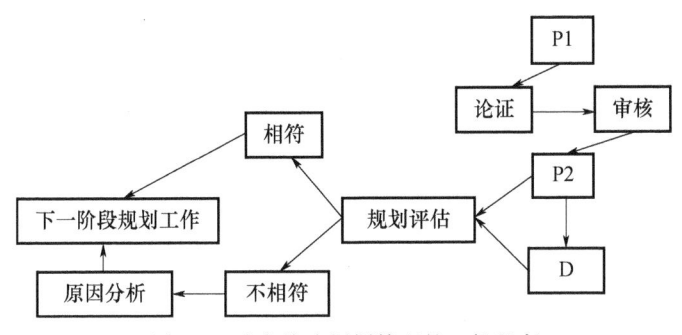

图 4-2 政府战略规划管理的一般程序

这一过程并不新鲜，我们在前面已经多次进行过讨论。现在，让我们来看一下将这一过程打通的核心是什么？也就是，我们曾经讨论过战略规划的科学性、指导性、可操作性、结果的可预期性等，那么，保证战略规划具备这么多"性"的道理在哪里？

不难看出，保证战略规划的这么多"性"，表 4-1 中的所有工作都十分重要，都要做好。哪一项工作做不好，都会对战略规划的质量和实施效果带来影响。但是关键的还是要保证战略规划管理程序的严谨、规范，也就是要制定或者形成一套从战略规划提交咨询、到形成决策再到组织执行、再到效果评估等一整套行政程序。这一套程序是战略规划建议成为战略规划决策并最终得到执行并发挥其对经济发展及政府工作具有带动作用的关键和灵魂。

到目前为止，我国实际上并没有这样一套严格的行政程序。一些专家甚至认为有了严格的行政程序有可能限制创新性思想火花的出现——毕竟，类似于战略规划这样的工作，创新是生命。但是实际上，强调创新和强调程序的严谨并不矛盾，它们作为贯穿整个战略规划工作的两条灵魂保证战略规划工作的科学和严谨。这种思路也许正是我国这样一个以"计划"为传统的国家最终没有形成战略规划专门行政程序的关键原因。为了形成这样一套严谨的行政程序，对这一程序作如下理解是合适的。

这一行政程序应当涵盖表4-1中所有四个工作环节的全部工作内容，重点要解决的问题是：

第一，由战略规划"咨询建议"变为战略规划"政府决策"的行政行为。其中的核心程序包括两条：一是科学论证，二是行政审核和认可。

——科学论证。顾名思义，"科学论证"重点要解决战略规划的科学性问题。从政府行政管理的角度认识"科学论证"，应当重点从两个层面开展。首先，对前期研究工作情况进行审查。主要内容是：战略规划重大问题研究项目是否覆盖全部规划对象，是否有重大问题缺乏前期研究工作支持；前期研究工作承担单位是否符合战略规划要求，参与研究工作的专家学术背景是否符合相关要求，前期研究工作组织形式是否得当；重大问题研究报告是否符合规定的形式和深度要求（作者认为，在战略规划工作中，应当事先对重大问题研究报告提出明确的形式和深度要求）；等等。其次，组织对战略规划编制过程进行审查。重点内容是：战略规划编制过程文档是否齐全；参与战略规划编制的人员是否符合相关要求；等等。最后，对战略规划文本的科学性进行审查。重点内容是：对照战略研究报告，战略规划文本是否反映战略研究主要观点；对照工作实际，战略规划文本是否符合当前政府工作环境及期望；战略规划文本是否存在科学性问题；等等。科学论证的主要组织形式可以是专家论证会，也可以委托第三方进行论证。

——行政审核和认可。在对战略规划的科学性进行充分论证的前提下，设定这一程序的主要目的是要解决战略规划实施过程中的资源配置问题。目前我国战略规划工作实践中，除国家和地方的总体规划需要经由人代会审议外，对其他战略规划履行审核和认可程序的一般是政府或者经其授权的部门。之所以如此，有两个方面的含义：一是战略规划是政府对某一经济发展事项的期望、思路、布局和任务，只有在形式上经过政府或者其委托的部门审核并同意的战略规划，才能称其所表述的内容代表了政府所想，是政府想要向社会表达的内容；二是理论上讲，政府负有动员社会资源推动经济发展的重任，其主要方式就是通过推动战略规划的实施——而这需要动用人、财、物等资源。政府在对公共资源进行配置的同时，还可以通过制定政策对市场配置资源的方式进行引导。只有经过政府批准或者认可的战略规划才具有配置资源的能力，也才具备实施的可能。因此，政府及其授权管理战略规划的部门对某一战略规划的批准或者认可是该战略规划得以实施的前提。

第二，保证战略规划之间相互衔接协调的行政行为。第二章中我们已经对战略规划体系做了讨论。设定保证战略规划之间相互衔接的行政行为的目的就是要从制度建设上真正保障战略规划成为一个"体系"——我们已经知道，所谓体系，是指具体战略规划及其之间的相互协调配合关系。目前在工作实践中，履行这一行政行为的主要方式是负责编制战略规划的具体部门之间通过文件来往以征求意见。但是这种方式容易流于形式，不能很好地解决战略规划之间相互衔接的问题。因此，应当采取更加多样和灵活的方式开展这一工作。例如由战略规划管理部门在战略研究阶段、发展思路研究阶段等分阶段以召开研讨会、借用政府网站等形式，分别就重大问题研究结论、发展思路等，对不同部门的战略规划进行衔接，从而保证国家战略规划体系的系统性和协调性。

第三，战略规划实施管理措施。战略规划实施措施的有效性是战略规划落地的关键。我国战略规划实践中所流行的"规划——鬼话""纸上画画、墙上挂挂"之说主要源于没有真正的战略规划实施措施。因此，将战略规划实施作为政府的一项职责，并通过制度建设严格其程序至关重要。21世纪初提出的国家级专项规划、国家级区域规划[1]及其配套制度为建立战略规划实施制度提供了参考。关于国家级专项规划管理有关制度本书不再赘述，请读者参阅有关文件[2]。作者总结长期从事战略规划管理工作经验教训，认为以下三点十分重要：一是要明确战略行动和规划项目执行的刚性要求，确立"战略行动和规划项目的实施为常态，不实施为例外"的工作原则。二是规范资源配置的方式和途径，尤其是资金投入。按理说，战略规划是定事的，预算是定钱的。但是现实中，战略规划对资金

---

[1] 见《国家级区域规划管理暂行办法》（发改地区〔2015〕1521号）。
[2] 见《国家级专项规划管理暂行办法》（发改规划〔2007〕794号）。

投入表述的原则性太强，可操作性太差，给战略规划实施带来严重影响。三是在战略规划研究编制过程中就应当建立资源配置的严格程序。

第四，战略规划风险管理措施。战略规划的风险管理主要针对以下两种情况：一是战略规划各项任务的实施对社会安定、国家安全以及自然灾害等的潜在影响评价以及预先管控措施。其应当作为前期研究工作的一项重要组成以及战略规划文本的重要内容。二是指由于这样或者那样的原因，导致战略规划难以实施，规划任务难以完成，规划项目不能落地的情况。包括机构撤并、自然灾害带来的风险及善后处理原则等。在制定战略规划实施方案过程中对此应当予以重点考虑。本书前面已经对战略规划风险有了一些讨论，在此不再赘述。

第五章
政府战略规划的研究编制

从第四章的讨论中可知,战略规划管理各工作环节中,战略规划研究编制的管理工作是最重要,也是工作量最大、涉及面最广的工作。至少到目前为止,情况仍然如此。因此,尽作者所能,对战略规划编制工作进行详细讨论,无疑是极具实践意义的。第二、四章对战略规划研究编制的讨论主要从程序的角度,涉及重大问题研究、文本起草、论证、发布实施等各个环节,现在,在具体工作实践中,人们也大都从这一角度进行部署和安排。但是,如果要详细讨论战略规划的研究编制这一专题,从问题导向的原则看,还是从充分分析战略规划研究编制工作要解决的问题入手更为科学,相关的问题也更能说得清楚。

那么,从解决问题的视角看,战略规划编制工作到底意味着什么呢?关于这个问题,前面已做过多次讨论,现总结如下:一是发展思路问题;二是围绕发展思路,动员各方面的力量逐步践行发展思路的问题,也就是布局任务及战略规划项目问题;三是有关政策及资源配置方式等问题。解决所有这些问题就是战略规划研究编制工作所要面临的主要任务。

第一节 研究发展思路

从纯学术而不是战略规划实践的观点看,研究提出发展思路是一件很单纯的事情,无非就是通过深入分析发展基础、把握发展形势和规律,规划设计出合理可行的发展路径。但是,如果将此事放在实践层面,从具体组织该项工作的实践层面来看，它就是一件相对复杂的事情。首先需要弄清楚的，是发展思路真的就是如上面分析的那样简单吗？

1.1 国家战略规划发展思路的定义和内容

明确提出规划期内的发展思路是战略规划前期研究咨询阶段的重要工作内容。所谓发展思路，就是关于未来如何发展的总的想法，一般由预期目标、指导思想、发展路径及相关措施等要素组成。发展思路是战略规划的核心和本质，是联结一个组织发展远景（发展期望）和发展任务、发展举措的桥梁和纽带。一般意义上，其应当包括如下核心内容：

——体现一个组织的愿景关切方面的内容。关于"愿景"，我们在前面已经进行过深入讨论。发展思路要体现愿景，就要思考：要实现愿景，需要坚持的发展理念，需要明确的发展重点，以及关于推动发展的切入点、出发点、落脚点、推动力、保障点等要素。

——体现规划对象客观发展规律的要求。发展规律是不可违背的，顺应发展规律要求的发展思路才是科学的，才能够正确指导发展任务布局和发展措施的制定，才能帮助实现发展"愿景"。这一要求也是在目前战略规划实践中高度重视形势分析的主要原因。

——体现客观形势发展的要求。发展思路体现客观形势的要求，是能够使发展思路最终落地的前提。只有在清晰明确发展是在一种什么样的基础上进行，在什么样的地理环境、经济环境、政治环境、政策环境、技术环境、人文环境等中进行，在发展思路指导下所形成的发展任务和举措才是符合实际的，也才能得以实施。

——体现战略规划安排生产力布局和主要任务措施的重大方针原则。这相当于给重大任务的安排定做了一个"筐子"，将所有发展任务和重大举措放在这一"筐子"中，从而保证发展愿景、发展目标、发展布局任务等各战略规划要素之间的相互衔接。

前面我们已经讨论，一个国家的战略规划是一个体系，由不同的战略规划相互衔接、互为补充形成。整个国家大的发展思路、发展任务等事项是由这一系列战略规划共同描绘的。拿我们国家来讲，我国实行五年规划体制，所以，我国某一个五年规划，例如我国第十三个五年规划，应当是由如下几个规划共同构成的

"'十三五'战略规划体系"：

——国家总体规划纲要。我国第十二个五年规划纲要命名为《中华人民共和国国民经济和社会发展第十二个五年规划纲要》。该规划纲要确立我国经济社会发展的总的方针政策，确立重大任务，尤其是中央政府需要动员各方面力量开展的重要工作。

——各地区的经济社会发展总体规划。该规划纲要是某一个地区对国家总体规划纲要所确定的经济社会发展方针的落实，同时，又确立本地区经济社会发展的重大原则。主要任务是根据本地区实际情况，因地制宜地制定符合本地区实际的发展政策、发展计划等。

——行业规划以及专项规划。根据国家和地方总体规划纲要的要求，对某一类经济发展要素进行具体规划的一项工作。

——区域规划及其他规划。所谓区域规划是指跨省级行政区的经济社会发展相关规划，承担对区域内经济社会发展重大任务进行布局或者经济社会发展要素进行配置等职责。与区域规划相关联的还有一类战略规划——一般叫作空间性规划，其将地理空间（或称国土空间）看作生产要素，承担对国土空间这一生产要素进行配置的职责。

为了方便下面的讨论，我们不妨对不同战略规划对象进行进一步分析。可以发现，目前，可以大概将战略规划对象分为如下三类：（1）国家和地方的经济社会发展全局；（2）国家或者地方经济社会某一领域甚至某一事项；（3）配置经济社会发展要素。将上述几类战略规划据此进行进一步归类，可以将战略规划分为三类相互衔接、互为补充的规划。

类一：总体战略规划。也就是前述国家或者地方的总体规划纲要，规划对象为国家和地方的经济社会发展全局，主要解决一个国家或者地区经济社会发展的总体布局，部署总体任务等问题。在我国当前战略规划实践中，其包括国家总体规划、地方总体规划和区域规划。

类二：专项规划。规划对象为国家或者地方经济社会某一领域甚至某一事项，重点根据总体战略规划的要求，解决某一经济社会局部领域的发展布局及任务的部署等问题。在我国当前战略规划实践中，其包括基础测绘规划、钢铁业发展规划、地理信息产业发展规划等。需要特别说明的是：理论上，专项规划应当涵盖传统意义上的行业规划。但是限于目前"专项规划"这一术语已经被赋予政府战略规划管理某一职责（主要是配置政府资源），将传统上的行业规划纳入专项规划进行管理还有相当长的路要走。

类三：生产要素配置专项规划。重点根据总体战略规划的要求，解决相关生产要素的配置问题。在我国当前战略规划实践中，其主要包括土地利用规划（对土地资源进行配置）、主体功能区规划（对发展空间资源进行配置）、城乡规划、各类人才规划（对人力资源进行配置）等。特别需要说明的是：土地利用规划、主体功能区规划、城乡规划等战略规划重点对地理空间资源进行配置，现今统称为空间性规划。

上述对战略规划的分类，实质上是以不同的发展思路为标准进行的。发展思路不同，意味着战略规划亦不同。反之，战略规划的种类不同，其所体现的发展思路也就不同。所以，对于一个国家来讲，研究发展思路，不是一项简单的任务，而是要统筹考虑不同领域、不同地区的不同特点，充分分析发展形势基础上，对全国及不同地区、领域的发展给出一组关于如何发展的说法。这"一组"的说法，至少包括三类：第一类为对整个国家的经济社会发展如何发展的说法，叫总体思路；第二类为配合总体思路对某一个地区如何发展的说法；第三类为对某一个行业或者对某一类生产要素如何配合总体发展思路而发展的说法。一个国家的发展思路应当至少包括上述三个方面的内容才算完整。可以看出，发展思路不是可以用一段话或者在一部战略规划中就能够说清楚的，而是分别体现在同一战略规划体系下的不同具体战略规划之中，但同时又属于对统一的发展路径进行系统考虑和规范化描述的一组文本。发展思路的这种体系性是战略规划能够形成体系的来源和依据。

1.2 发展思路的研究和提炼

判断一个或者一组发展思路的唯一标准是：遵循这一发展思路是否真的取得了预期的发展效果，也就是是否真正获得成功。而发展得以成功的关键就是一个词"顺势而为"，这个"势"就是发展趋势，也就是发展规律。

根据前面的分析，在发展愿景的指导或者约束下，研究提出发展思路的关键工作是要做好形势分析。通过形势分析，明确"发展"是在一个什么基础上的发展、满足什么需求的发展等。因此，研究提出发展思路，重点工作有三项：（1）对发展基础的评估工作；（2）需求分析；（3）发展环境分析（包括国内技术、政策、社会等环境，国际环境等）。

(一) 发展基础

研究发展基础，重点是要摸清我们是在一个怎样的基础上推动发展。战略规划工作中，对这一发展基础的表述一般至少有两种方法：一是利用在战略规划的规划期起点时间规划对象的发展状态来表征。也就是，规划对象在规划起点时是个什么样子，各表征指标的具体数值如何，等等；二是这一发展状态与需求之间的差距有多大，也就是要对规划对象的现实和需求之间实际存在的差距进行评估和分析。

——对于某一个国家或者某一地区的总体规划来讲，研究发展基础，意味着要对一个国家或者一个地区在规划期起点时国情国力或者省情省力发展状态进行深入分析。这种分析是一种综合性的分析，既包括政治的、经济的、文化的、社会的等领域，也包括不同领域之间的相互促进、相互制约、相互牵制的关系。发展基础与需求之间的差距分析，主要任务则是要分析发展现状与国强、民富、繁荣、道德等国家价值追求之间的差距。

——对于一个行业的专项规划来讲，发展基础一方面意味着该行业的发展现状，即这一行业在规划起点时的各项发展目标及具体指标情况等；另一方面也意味着这一发展现状与需求之间的差距。在这里，所谓需求，主要是指国家在追求国强、民富等价值观念时需要这一行业发展到的状态表述。需求一般是通过需求分析得以明确。本章后续内容还将对需求分析做专门讨论。

与发展基础相对应的还有一个概念：发展环境。发展环境分析指的是对与规划对象发展紧密相关的政治、经济、文化、社会等要素的发展情况进行分析，一般也包括这些要素对规划对象未来发展的影响做出分析和评价等工作。例如制定测绘地理信息行业战略规划[①]，要重点开展三个方面的发展环境分析：一是与行业发展密切相关的技术发展现状及未来趋势；二是相关政策发展现状及相关趋势；三是需求环境的发展现状及发展趋势。

与上面对总体规划的讨论进行比较可知，总体规划和行业规划的发展基础及

---

① 国家测绘地理信息局，印发：《测绘地理信息发展"十二五"总体规划纲要》。

发展环境分析在工作内容及工作范围上有显著的区别，总体规划的规划对象涉及经济社会发展全部，因此，其发展基础分析也涉及经济社会发展全部内容。所以，总体规划的发展环境分析工作范畴相对较小，对国际经济社会的分析可能是其最重要的内容。而专项规划或者行业规划的发展基础分析仅限于行业本身的发展及其与需求相比较之间的差距分析。与行业发展相关，但又不属于本行业发展内容的形势分析均属于行业发展环境分析的范畴。当然这一部分的分析既包括对于国内情况的分析，也包括对于国际情况的分析。关于发展环境分析，后面还会有更为详细的讨论。

——对于生产要素（例如土地、地理空间要素）发展规划来讲，发展基础当然也意味着这一要素在规划期起点上的现状状态，意味着其与需求之间的差距。在这里，需求一般是指其对于具体生产服务活动的满足程度。而其发展环境分析，工作范畴与行业规划极为相似。不同的是，在生产要素的发展环境分析中，最重要的分析内容是需求分析。所以下一节，我们重点讨论一下需求分析的内容。

（二）需求分析

如果我们同意西方学者关于将战略规划划分为发展型规划和竞争性规划这一划分方法的话，需求分析大多与发展型规划的编制有紧密的关系，是发展型规划编制工作的一项不可缺少的环节。竞争性规划的编制，更加重视对相互竞争的各方进行比较优势分析，需求分析倒显得不是特别重要了。当然在实际工作中，很难做严格的区分，例如某一些竞争性战略规划的编制也要进行需求分析。同时，一些发展型规划的编制可能要进行深入的比较优势研究。

一般地，需求分析不但对于战略规划具有重要意义，是战略规划编制的重要工作环节之一和战略规划文本的重要组成部分，而且对于重大项目的规划设计也具有十分重要的意义。在项目管理工作中，需求分析是项目规划设计工作的核心工作内容，在一定的项目目标的约束下，其决定整个项目的建设内容、建设指标并最终影响对项目的投资概算。是否满足需求也是对项目进行验收的一项重要考核内容。需求分析相关工作贯穿于整个项目规划设计阶段，包括建议书阶段（立项阶段）、可行性研究阶段和初步设计阶段等，是开展项目咨询和规划设计所必须开展的基本工作。

从字面的意思来讲，需求分析的工作内容似乎较为简单。拿一个项目规划设计来讲,也就是分析一下该项目建设是否有必要,是否真正是经济社会所必需的;但是实际工作却复杂得多,不仅要分析项目层次的需求情况,即要回答整个项目建设是否是经济社会发展所必要的,还要回答项目建设的每一条内容是否是经济社会发展所需要的,等等。概括起来,需求分析重点要解决两个层次上的需求问题:

层次一:项目建设必要性问题。要论证回答两个主要问题:第一,项目建设是否是经济建设所必须要开展的工作?第二,经济社会发展对项目建设需求的紧迫程度如何?

层次二:对项目建设内容及指标的需求问题。在明确项目建设的必要性的基础上,重点对这一"必要性"进行进一步分解和细化,明确通过项目建设所要实现的期望,包括性能提升、功能扩展、工艺改造、新建业务、优化业态等,形成对项目建设的实际具体需求。在此基础上,进一步明确需求的种类、属性、质量及数量特征等,并由此确立项目建设内容,测算规划指标并最终估算投资需求。

可以看出,对于一个项目来讲,需求分析是进行项目规划设计的前提和基础。下面我们以国家电子政务工程建设项目需求分析为例进行讨论,相关文档可参阅国家发展改革委网站[①]。

专栏 5-1 是我们引自《国家电子政务建设项目管理办法》附件中关于电子政务建设项目可行性研究报告的编制要求。

专栏 5-1　电子政务建设项目的需求分析内容

1) 与政务职能相关的社会问题和政务目标分析;
2) 业务功能、业务流程和业务量分析;
3) 信息量分析与预测;
4) 系统功能和性能需求分析;
5) 信息系统装备和应用现状与差距;
6) 项目建设的必要性。

---

① 见 http://www.ndrc.gov.cn。

从专栏 5-1 中可以看到，电子政务建设是围绕改进政务技术环境、提高政务效率而开展的技术改造类建设项目。电子政务建设项目的规划设计首先要顾及政务职能的需求。政务是面向社会管理和经济发展等事务的行政管理工作。电子政务建设项目规划设计的第一步工作要分析"与政务职能相关的社会问题"，并进而确定面向政务需要的电子化、数字化、信息化工作目标。

对于每一种具体的政务目标，鉴于其一般由多种政务业务构成，是不同种类业务的集合，所以电子政务项目建设需求分析的第二步工作，就是要从电子政务项目建设的角度理清这些政务业务功能及业务流程，研究支持政务功能及业务流程所需要的技术能力，在此基础上，对业务量进行准确测算，为后续任务测算奠定基础。这是专栏 5-1 中需求分析的第二步工作。

第三步和第四步工作是与电子政务项目中的"电子"建设更为接近的工作步骤，其中，第三步的主要工作是在理清了业务功能和流程之后，为满足这些功能、流程需要，所涉及的信息流的数量指标。"信息量的分析和预测"直接与未来项目建设中的设备选型相关，进而直接与项目投资的测算有关。第四步的主要工作是系统的功能和性能需求，重点要分析形成第二步中所体现的业务功能和流程，要建成的信息系统需要具备怎样的功能和性能指标。

专栏 5-1 中的第五步工作涉及为实现上述功能及性能指标，需要采购的设备选型问题。要回答两个问题：一是，满足上述信息量、功能性能指标的设备配置方案是什么？二是，设备配置方案中，哪些设备是可以再利用的？哪些设备需要新购？

专栏 5-1 中的第六步工作就是前述关于项目层次上的需求问题，在此不再赘述。

我们之所以用上述较长的篇幅讨论建设项目的需求分析问题，主要是因为我们想以此为比照，来探讨一下战略规划的需求分析。从逻辑上讲，建设项目的需求分析和战略规划的需求分析是相通的；但是从具体工作上，又有些许不同，例如，战略规划是否有必要编制，并不需要专门进行研究，因为，这往往是十分明确并且是不容置疑的。

比照建设项目的需求分析步骤，战略规划编制工作中的需求分析步骤如下：

步骤一：从经济社会发展整体布局来讲，某一专项战略规划编制工作中所涉及的主要业务、相关业务，及其与经济社会发展大局之间的关系分析。主要内容涉及：战略规划期内经济社会发展的目标；这一目标对本行业发展的整体需求；对这一整体需求进行分解，形成分业务需求。

步骤二：对于作为规划对象的每项业务，到规划期末需要达到的各项指标和状态，需要进行的变革事项等。

步骤三：从需求出发应当开展的建设任务和具体业务工作，其中应当包括对具体工作量的需求进行的测算。

步骤四：对现在已经开展的工作进行总结，需求中除去已经开展的工作，剩下的即是需要列入规划进行建设的。

（三）**发展环境分析**

发展环境分析，顾名思义，就是要分析与战略规划对象相关的行业或者部门的发展情况，以及这些情况对战略规划对象本身未来发展所带来的有利或者不利影响。从这一定义出发，发展基础分析、需求分析均可以划入发展环境分析范畴。但是，由于在战略规划实践工作中，对发展基础、需求的分析是基础性、前提性工作，所以，在一般的讨论中，单独将其列出讨论。从这个意义上来讲，战略规划工作中的发展环境分析可按战略规划对象所影响的区域大小分为区域内外环境的分析。例如对于国家级规划来讲，可以有国内外环境分析；对于省级规划来讲，可以有省内外环境分析等。还可以按发展要素分为政策要素分析、体制要素分析、技术要素分析、资源要素分析等。不同领域、不同种类的战略规划编制工作，需要开展的发展环境分析内容是不一致的。作者长期从事测绘地理信息战略规划工作，下面以测绘地理信息战略规划工作中的发展环境分析为例，对此进行讨论。

测绘地理信息战略规划发展环境分析重点包括政策环境的分析、技术环境的分析等。

1. 政策环境分析

任何一个行业相对于经济社会发展整体来讲，均是其组成部分之一。从战略规划政策分析角度理解，所谓"组成部分之一"，其含义是：

第一，这一行业对于经济社会整体发展的意义，也就是这一行业的个体发展对于整体发展的影响如何？这种影响可以分两类进行讨论：一是基础性的影响、核心影响、支柱性影响、保障性作用等；二是技术进步影响、提高竞争力的影响、提高和谐性影响、优化结构影响、增大规模的影响等。正是由于行业个体发展与经济整体发展之间的上述关系，我们才能给一个行业在国民经济整体发展布局中进行定位，比较常见的定位如下：

——基础性行业；

——支柱行业；

——保障性行业；

——战略性行业。

第二，在国民经济整体布局中，这一行业与其他行业之间的关系。也就是相关行业的发展对于这一行业的发展带来重要影响。反之亦然。

发展政策说到底，就是调整上述两种关系的一组规则。这也是在战略规划工作中进行政策分析的重点工作。其原因实际上是明确的，就是这些行业发展政策会严重影响作为战略规划对象的本行业的发展。如果要准确把握本行业发展走向，不彻底弄清相关行业的发展政策精神是绝对不行的。

2. 技术发展趋势分析

目前，我们不得不承认的一个事实是：技术创新和进步，无论对于经济的增长和结构优化，还是对一个国家的综合国力、一个国家在国际上的话语权、一个国家对社会的管理及控制能力等，均成为核心要素之一。从农耕文明到工业文明，再到现今的信息社会，均与技术革命性跨越密切相关。甚至可以这样说，文明在时间轴上的跨越性进步主要是由技术的革命性创新引起的。所以，在开展战略规划工作中，永远要高度重视技术的力量，重视对技术在发展中产生影响的方式、后果的研究和评价。只有这样，才能准确把握发展环境，所提出的发展思路也才能符合发展规律。

当前，在信息化、全球化交织发展的大背景下，对技术环境的研究和把握重点应当做好两个方面的工作：一是对与本行业发展密切相关的技术的发展情况及这一技术对本行业的影响及其趋势等进行深度分析；二是这些相关技术在国际范围内的发展动态、趋势以及在我国的发展及应用情况。

对相关技术的发展及其趋势进行分析，缘于当前不同技术日益融合发展的趋势。伴随着技术的发展和应用，单一技术已经越来越难以产生新的业务、新的产业、新的业态。不同种类技术的融合发展被认为是产生新业务，从而推动产业结构变革的希望所在。2010年，国务院印发《国务院关于加快培育和发展战略性新兴产业的决定》，2012年，国务院又印发《"十二五"国家战略性新兴产业发展规划》[①]，其中所明确的节能环保、新一代信息技术、生物、高端装备制造、新能源、新材料、新能源汽车等七个战略性新兴产业发展领域，无不都是不同种类的技术相互融合发展的产物。尤其是进入"十三五"后，这一趋势更加明显。因此，从经济发展视角看，当前，科学研究领域的任务重点，不应当针对单一技术的发展及应用，而是应当针对不同类技术的集成、融合及应用。同时，在学科建设上，也应当更加重视交叉学科的发展。所以，对不同种类的技术发展趋势及其相互融合应用的潜力进行分析和研究，对于战略规划工作来讲，是至关重要的。不进行这样的分析，就难以准确把握产业之间相互融合发展的趋势，也就看不清产业发展的方向和规律，准确把握行业发展趋势也成为一场空谈。

对国际上相关技术的发展趋势进行研究与跟踪，与当前我国技术发展现状以及我国追求"科技强国"的长远目标有关。从科技发展的角度来看，我国仍然是一个发展中国家，我国的科技成果能够拿出来在国际上展示的还很少。举一个简单的例子，拿目前已经成为常规技术的计算机和网络技术而言，从硬件核心技术的处理器，到软件系统——操作系统、各类应用系统，从TCP/IP协议，到网络资源的分配，哪一样能够由中国人说了算？没有！所以努力学习先进技术，在学习的基础上，努力提高技术创新能力，不断丰富创新成果，是各类发展的核心任务，因而，也是战略规划研究工作的核心任务。只有深入研究国际上相关技术的发展情况，找出我国与世界上的差距，才能为我国自主创新能力的建设和发展找到一条正确的道路。

在对国际上技术发展趋势进行分析评价过程中，从作者这些年从事这一工作的经验来看，应当注意三个问题：

第一，选择合适的研究对象。当今世界由众多国家组成。不同国家具有不同的政情、民情、国情等，对于一项技术，不同国家对其态度也不相同，发展水平也不相同。如果要对全世界的技术发展状况进行深入分析，一是不可能，二是没

---

① 见 http://www.gov.cn。

有必要。根据战略规划研究编制工作的需要，选取国际上比较典型的国家的技术进行跟踪，并据此制定本国战略是切实可行的捷径。例如，在测绘地理信息战略规划工作中，我们重点选取美国的技术发展作为跟踪对象，辅以对其他国家相关情况的分析，这对于保证我国相关技术发展路径的正确性十分重要。

第二，以学习的态度开展分析评价工作。承认本国技术的相对落后，抱着学习的态度，看看其他国家在发展本国技术的工作中，有无有价值的经验值得我们汲取，并将这些经验纳入战略规划，作为我国推进相关技术发展的措施，这是一种学习的态度。在这一过程中，不能错误地理解了"学习"的含义：不是照抄经验，而是消化吸收；不是将成果拿来"粉饰自己"，而是拿来细究如何提高自主创新能力，最终实现我国的技术原创。习近平说："不能总是用别人的昨天来装扮自己的明天。不能总是指望依赖他人的科技成果来提高自己的科技水平，更不能做其他国家的技术附庸，永远跟在别人的后面亦步亦趋。我们没有别的选择，非走自主创新道路不可。"[①] 这也可以成为检验"学习态度"是否正确的标准。

第三，以应对挑战的态度开展分析评价工作。仅仅以学习的态度开展分析评价工作是远远不够的。不同国家的技术发展相互影响，一个国家的先发技术往往会成为这一国家欺负其他国家的工具。在测绘地理信息领域即存在这一问题。专栏 5-2 是《国家地理信息产业发展规划（2014—2020 年)》[②] 对这一问题的分析。

专栏 5-2

我国地理信息产业发展面临着一些严峻挑战。发达国家加速抢占市场，不断挤压我国地理信息产业发展空间。我国导航定位及位置服务绝大部分依赖国外卫星导航技术，高分辨率卫星遥感数据主要来自国外，地理信息高端技术装备市场大多被发达国家占领，地理信息应用服务总体水平与发达国家差距较大。

---

① 见 http://cpc.people.com.cn。
② 见 http://www.sbsm.gov.cn。

因此，在对国际国内技术趋势进行分析评价的过程中，应当深入分析国际发达国家对我国经济社会带来的潜在威胁，据此找出应对策略。这也是战略规划工作的重要内容之一。

第二节　确立布局任务

在发展思路确立以后，如何将发展思路变为实际行动，并最终产出成果，就成为战略规划编制工作的重要任务。确立布局任务是将发展思路落地的中间环节，也是整个战略规划研究制定工作最重要的工作环节。其主要工作是：根据经济社会发展大局的要求和战略规划管理工作的需要确立战略规划实施的周期，也就是要明确规划期；根据发展思路的要求，研究论证到预定规划期末，作为规划对象的行业或者经济社会发展事项发展的具体目标，尤其是一些可考核的指标；确立行业发展在地理空间上的布局原则及实际布局；细分发展目标，形成可操作性更强的具体任务，其中既包括建设和发展任务，也包括政策制定、机制建设等方面的改革任务。

2.1　基本要求

确立布局任务的主要目的，正如前述，是为了使发展思路落地。所以，作为布局任务的最基本的一条要求，除了其必须具备科学性、符合发展思路要求等外，还必须具备足够的可操作性。下一节，我们将讨论战略规划项目的遴选问题，我们将知道，战略规划项目是为规划任务的实施提供机制保证的措施，是保证规划任务落地、落实规划任务可操作性的最直接的措施。作为规划任务本身，考虑其可操作性问题，作者认为主要有三点：一是一项规划任务的具体内容必须是可考核的，并且能够被进一步分解为年度任务。二是一项规划任务实施所需要的资源的获取路径必须"清楚明确"。所谓"清楚明确"，就是完成规划任务所需要的人、财、物等资源的获取渠道稳定畅通。三是一项规划任务实施的责任主体是潜在明确的。所谓"潜在明确"，主要与当前我国战略规划编制的工作传统有关——我们在第三章中已经进行过讨论，一般意义上的战略规划文本不含有参与实施的具体责任主体。总结起来，结合我国当前战略规划工作实践，在具体工作中应当把握好如下两点：

第一，参与实施规划任务的单位应当是明确的。在我国当前体制下，战略规划中明确了参与实施规划任务的单位，实际上也就明确了实施战略规划任务所需要的人力资源和物力资源等，也就是明确了战略规划实施责任主体。我们在研究制定战略规划时，参与完成规划任务的单位一般不会被列入战略规划文本之中，但是，参与完成规划任务的单位，受体制的刚性约束，实际上是已经被潜在指定了的。例如，我们在制定测绘地理信息战略规划过程中，参与规划实施的单位就是测绘系统的一系列单位。当然，在一些情况下，也需要行业外的单位参与这一行业规划的实施，甚至需要动员市场的力量来共同实施规划任务。在这种情况下，在战略规划编制过程中，就需要将战略规划与相关部门进行衔接——这是战略规划必须进行规划衔接的原因之一。

第二，保障战略规划任务实施的资金渠道必须明确。足够的投资和财力支撑是实施战略规划任务的基本保障条件。在我国社会主义市场经济体制框架下，获取战略规划实施的渠道主要有两个方面：一是通过市场的方式，即通过政府与各类市场主体的合作，主要由市场主体负责投入实施战略规划任务；二是政府自身建设、提供公共服务需要的战略规划项目主要由政府负责投入，并通过明确战略规划与年度计划、年度预算工作和年度投资计划之间的衔接关系来落实。关于战略规划实施过程中的资源配置问题，在后面章节中还会有详细讨论。

2.2 战略规划期

发展是无止境的，但是，正如人走路要一步一步走一样，发展也要分步骤推动。相应的，对发展进行规划也要分步骤、按时间段，确立每一步的具体发展目标，明确每一步的具体发展任务，一步一步走，积少成多，以分步的发展积累形成大的总体的发展。否则，战略规划缺乏阶段性，也就缺乏指导性。另外，阶段性的推动发展犹如中国人要过年的道理，过年意味着对一年的总结，人们放下工作，放下压力，洗洗尘土，使身心放松、修养；同时过年也意味着新的阶段的开始，吃完年夜饺子，重整身心，迎接来年的工作生活。分阶段地推动发展也有个开始和结束，有个休息和再上征程。如果没有阶段性的划分，推动发展这一工作也就会显得冗长、乏味、缺乏成就感。因此，确立战略规划期，不但对于战略规划本身来讲是有意义的，而且对于提振发展信心、凝聚发展力量也是至关重要的。

那么如何分阶段确定战略规划期呢？一般地讲，战略规划期的确定应当依据规划对象的发展规律，遵循规划对象的阶段性特征。实际上，鉴于战略规划对象一般均是具备复杂性特征的系统，涉及的要素方方面面，既有自然的，也有人文的，因此，阶段性特征往往并不典型，依据其阶段性特征确定战略规划期往往不具备实践意义上的可行性。所以，战略规划期的确定一般表现出多样性的特征，在不同的国家，甚至同一个国家的不同地区，战略规划期均不同。从中华人民共和国成立以后，国家总体规划的战略规划期就有十年和五年的区分，一般以五年规划为主。2005年，《国务院关于加强国民经济和社会发展规划编制工作的若干意见》就规定："国家总体规划、省（区、市）级总体规划和区域规划的规划期一般为五年，可以展望到十年以上。市县级总体规划和各类专项规划的规划期可根据需要确定。"[①] 可见，战略规划期的确定一般不是根据发展规律，而是根据"需要"确定的。尽管如此，我们还是可以找出一些可供参考的原则，主要有两条：

第一，在单纯研究谋划发展思路的时候，可以将战略规划期适当拉长一些。只要对发展规律的把握是准确的，发展思路就具有相对稳定性——理论上讲，只有当发展规律发生变化，发展思路才具有调整的必要。在我国规划实践中之所以存在"规划期五年，展望十年"的做法，其合理性正来源于此。

第二，一个国家或者地区同期开展的战略规划体系研究与编制，其战略规划期应当是相同的，或者至少是相互协调的，并且均应当服从国家总体规划关于战略规划期的规定。拿我国五年规划的研究编制而论，国家总体规划的规划期为五年，由于国家总体规划所部署的发展任务需要分行业、分地区落实，因此，国家总体规划五年发展目标如果要真正实现，各行业部门、各地区所部署的任务也要在这五年内同步完成。所以，国家总体战略、部门负责的专项行业规划、不同地区的发展规划的规划期应当是一致的。这里面只有一个例外，就是那些以某一类生产要素为战略规划对象的战略规划的规划期可以做些调整。例如对于土地、地

---

① 见 http://www.gov.cn。

理空间利用等生产要素的规划可以对其规划期做出调整——但也仅仅是调整，总的原则还是围绕为实现国家总体战略规划所确定的战略目标服务。

2.3 布局任务

如果说发展思路解决了"怎样干"这一问题，那么布局任务就是要解决"干什么"这一问题。将"布局任务"字样拆开，则"布局"是安排，"任务"是内容，两个词语从不同的角度谈了相同的问题。从"任务"的角度进行讨论已经被广泛接受，并在工作实践中被广泛采用。本章力图从布局的角度来重新诠释，希望能够发现一些有价值的结论。从布局的角度来看，可以有三个方面：时间布局——发展任务在时间上如何安排？任务布局——具体各项发展任务有哪些？空间布局——这些发展任务在地理空间上如何安排？

（一）时间布局

根据战略规划工作安排，如何对落实发展思路整个过程进行合理分段，也就是将整个发展过程细分为一个一个具体的发展阶段，以便于对具体工作做出安排——这是在时间轴上的布局问题。在具体工作实践中，其工作又可以分为两项：一为确立合理的规划期——为每一个具体的发展阶段设立期限。二是为每一战略规划阶段确立发展预期——预估每一规划期末的发展状态。在战略规划实践中，这一工作属于确立发展目标的工作。

（二）任务布局

根据每一阶段发展目标的要求，理清这一阶段中需要开展的各项工作。按照某一种标准，对单项具体工作进行集成、打包，形成规划期内需要完成的具体发展任务。这一工作是确立"布局任务"阶段的主要工作，在整个战略规划研究编制工作中处于核心地位。

从刚才的分析可知，此项工作包括两个方面的内容：

一是理清具体工作。开展这一工作要坚持三项原则：从实现发展目标的需求出发——凡属于实现发展目标需要的工作均应当列入；反之，则应当排除。从满足规划期的要求出发——所明确的具体工作应当贯穿规划全期，属于规划期内连续多年需要重点关注安排的工作。从满足可操作性要求出发——应当明确每一项具体工作的主要内容，并配以适当的数量指标。

二是对具体工作进行归类，形成发展任务。单项具体工作往往是细碎的、不系统的，不便于阅读、研究和领会，更不便于组织实施。因此，有必要根据适当的标准对各项具体工作进行分类、打包、集成，经过这种处理方式后就形成发展任务。因此，我们可以有如下定义：

发展任务是规划期内同类工作的集合。

可以采用各种标准对各项具体工作进行分类打包，例如，可以按照完成时间要求，将需要同期完成的工作打包，形成发展任务。一般地讲，两种标准是最常用的：

——按业务类型：将业务性质相近、关联度高的相关具体工作归类打包，形成发展任务。这种方式更加符合学术规范，好处是：发展任务与发展目标、发展思路之间的逻辑继承关系一目了然，更易于对其进行科学性等方面的论证和衔接。

——按未来实施：将未来由同一单位负责实施的发展任务归类打包，形成发展任务。这种组织方式更便于未来战略规划的组织实施和考核，但是，由于相关单位职责不同，参与战略规划实施的深浅有别，所承担的任务量也就不同，因此，不同类型任务之间在任务量上可能较为悬殊，不符合政府公文一贯的写法。

在实践工作中，通常会采用混合的分类标准。

（三）空间布局

所谓空间布局，主要研究各项发展任务在地理空间上如何安排等问题。理论上讲，所有经济社会活动均发生于一定的地理空间范围。同一类事件发生在不同的地理空间（或者讲发生在不同的地区），所产生的后果是不同的；同理，在某一个地方一定发生的某一类事件，在另一个地方则可能永远不会发生。所以，地理空间对于经济、社会、文化等领域的发展，均具有重要影响，是在制定战略规划过程中必须重点考虑的因素。

但是，在现实实践中，地理空间这一因素在我国经济发展战略制定工作中并没有引起足够的重视。土地、气候等与地理空间紧密相关的单因素，大多也是作为一种资源参与到战略规划之中。作为各类经济社会事件载体的地理空间，是气候、土壤、植被、地质等不同要素共同相互作用形成的,是一种具有独特自然、人文特性的自然存在。如何将其加入到经济发展战略研究制定工作中,则一直没有找到一个好的方法。

直到最近,这一状况才获得部分改善。国土空间的合理利用被正式纳入战略规划的研究制定之中,成为在谋划经济发展战略中所重点考虑的要素之一。例如,习近平在一次讲话中指出"国土空间是生态文明建设的空间载体",要求"要按照人口资源环境相均衡、经济社会生态效益相统一的原则,整体谋划国土空间开发,科学布局生产空间、生活空间、生态空间,给自然留下更多修复空间"①。21世纪初,我国编制实施《国家主体功能区规划》,这是我国第一个从地理空间合理利用的角度对我国经济发展进行谋划的战略规划,无论其指导意义,还是象征意义均十分明确。此后,地理空间在经济社会发展中的作用越来越获得重视,相关以地理空间的合理利用为主题的战略规划和政策逐渐常见于我国有关政策文件之中。

具体到在战略层面如何落实地理空间的合理利用这一问题,到目前为止合理的回答仍然是:在合理规划的基础上,对地理空间的用途进行适度的管制。在我国,对地理空间进行规划的职责是由不同种类的规划承担的,其主要包括主体功能区规划、土地利用规划、城镇化规划、城乡规划等。进入21世纪,伴随着经济发展战略对合理利用地理空间的重视,一些地方开始试编专门地理空间规划,甚至关于空间规划编制工作的立法也已经出现。例如2011年,天津市人大常委会审议通过《天津市空间发展战略规划条例》,对如何编制和实施空间类规划提出了明确要求,这成为对空间布局研究活动的法制化的起点。

但是,截至目前,以战略规划作为主要工具,对地理空间实施用途管制实际上并没有取得预想的效果。例如,伴随着我国城镇化的快速推进,一些规划为农用地的土地还是逐渐被一些建筑物覆盖,成为建设用地。这导致生产粮食的土地越来越少,土地质量也越来越差,而用于盖房子的土地则越来越多,并且大部分在土肥水美的平原地区。也就是说,空间规划对国土的用途管制并没有实现预期效果。作者认为,导致这一状况的原因,大体上有两类:

---

① 习近平:《努力走向社会主义生态文明新时代》,自《习近平谈治国理政》,外文出版社。

一是根据前面的分析，现行土地规划、城镇规划等空间类规划的编制过程主要以资源利用为出发点，即主要从土地等地理要素的"资源"属性出发来规划其用途。根据《现代汉语词典》[①]，所谓"资源"，是指"生产资料或生活资料的天然来源"。这一定义背后的潜台词是：土地被看作参与经济社会活动的一个要素，单纯地被赋予经济属性。但是实际上，"土地"首先是组成大自然的一个重要成分，是形成我们人类赖以生存的生态系统的一种重要物质，首先具备自然属性、生态属性，并且，其自然属性远远重要于其经济属性。这是第一层意思。第二层意思：由于人类活动，尤其是人类的经济行为是以改造自然、获取经济利益为目的的，经济运行规律与自然运行规律不可能统一，甚至是矛盾的。放到"土地"这一要素对地理空间的影响上，其经济影响面与自然影响面永远不一致。因此，如果将"土地"作为规划对象，假如一个部门（如国土资源部门）从其经济属性进行规划，而另一个部门（如林业部门）从自然生态属性进行规划，那么，这两个部门最终的规划结果一定是不一致的。这就是为什么在战略规划实践中，不同部门对同一规划对象编制的战略规划存在不一致的根本原因。不同种类空间规划之间相互矛盾的现象又进一步导致空间规划对国土空间的用途管制的效果和效率变差甚至失效。

二是空间规划本身行政强制力不够。只有赋予战略规划（包括空间规划）一定的行政强制力，这一战略规划（或者空间规划）才能发挥其行政职能，并进而对国土空间的用途进行管制。在我国当前战略规划实践中，一般有两种因素导致战略规划（包括空间规划）的行政强制力变弱甚至丧失：第一种情况是政府对自身编制的战略规划缺乏必要的尊重，领导人的变更等情况极容易影响战略规划的执行；第二种情况是战略规划（包括空间规划）内容过于笼统，可操作性差。尤其是空间规划，规划图过于简略，空间边界不清晰，甚至沦落为示意图，导致图上位置与实地位置难以形成一一对应关系，图上的一条线可能代表实地的一条带，严重影响空间规划的权威性和其对国土空间的用途管制效率。

基于此，当前我国正在开展"多规合一"试点工作，主要针对国民经济和

[①] 中国社会科学院语言研究所词典编辑室，编：《现代汉语词典》（第5版），商务印书馆，2005。

社会发展总体规划、土地利用规划、主体功能区规划、城镇化规划、环境生态等方面的规划，重点解决不同空间规划之间对地理空间的描述不相一致甚至相互矛盾的问题。在统一的地理空间定义基础上，进行经济建设各项任务的空间布局。

"多规合一"的大概思路是：

——建立统一的地理空间定义。根据《测绘法》等相关法律法规关于"建立地理信息系统，必须采用符合国家标准的基础地理信息数据"这一要求，充分运用测绘地理信息技术，统一定义和描述待规划的国土空间，实现空间基准统一、用地分类标准统一、信息平台统一、规划底图统一以及技术规程统一，为实现"多规合一"奠定基础。

——对待规划地区进行评价和空间功能划分。广泛收集涉及规划地区的自然、生态、经济、社会、文化等方面的信息数据，在统一的信息公共平台支持下，深入分析该地区自然社会现状，进行资源环境承载能力评估和适宜性评价，在此基础上，按城镇空间、农业空间、生态空间对待规划地区空间进行功能区划分。

——依据不同功能空间的使用定位，对经济社会发展相关事项进行布局，使其满足不同类空间的功能定位。

可以看出，"多规合一"的思路反映了对规划任务进行科学布局的内在逻辑。

第三节　战略规划项目的研究论证

根据前面几节的讨论，战略规划项目是将战略规划任务和完成战略规划任务的人、财、物等资源进行合理配置，为完成战略规划任务、实现战略规划目标服务的机制和手段。因此，在明确战略规划任务的前提下，只有进一步对战略规划项目进行研究论证，建立规划任务和实施资源必要的配置渠道，战略规划才可以说是完整的。因此，战略规划项目的研究和论证是战略规划编制工作的重要环节。从提高战略规划的指导性和可操作性角度看，其更是不可替代的工作环节。

3.1 战略规划项目的表现形式

根据项目管理的一般理论，项目是指在特定条件下，具有特定目标的一次性任务，是在一定时间内，满足一系列特定目标的多项相关工作的总称。项目的定义包含三层含义：（1）项目是一项有待完成的任务，且有特定的环境与要求；（2）在一定的组织机构内，利用有限资源在规定的时间内完成任务；（3）任务要满足一定性能、质量、数量、技术指标要求。项目的基本属性有五个：一次性、独特性、目标确定性、组织的临时性和开放性、成果的不可挽回性。

规划项目是项目的一种，是对规划任务按照规划实施步骤，进行分解而得到。在战略规划工作中，在明确了规划任务的基础上，之所以还要明确规划项目，主要基于项目的以下几个特点：

——项目的实施机构是明确的。一项规划任务一般是综合性的，需要动员多个组织机构，分几年、多次开展相关工作才能完成。一个组织机构仅仅能够完成一类任务。只有根据不同组织机构的职能分工，将规划任务进一步分解，形成具有明确技术要求、内容分工、实施步骤等要素的规划项目，才能保证规划任务的落实。为此，还需要明确规划项目的实际承担单位及其分工。

——项目的目标是单一的和可考核的。战略规划目标一般是宏观目标，在现行战略规划实践中，其往往很难被描述得很具体。目前，这一情况有所变化，为了尽可能增大规划目标的可考核性，对规划目标的表述开始有更多应用数量指标的趋向，但是，由于这一类数量指标一般也带有极强的综合意义，其数值的取得往往需要通过对众多低等级数量指标的复杂计算，因此，这一类数量指标最终取值的真实意义在于数量的绝对值，其真实的物理意义更多地还是在于对发展期望的定性描述，"定性"意义大于"定量"意义。项目的数量指标则完全不同，其是低等级指标，物理意义明确、单纯，是计算复杂指标的参与者。取值是通过完成项目建设任务获得的，是可以统计的，因此是准确的。

——规划项目内容是单一组织一次性的。战略规划目标的实现是靠完成一项一项规划任务实现的，而每一项规划任务往往不是交由某一组织一次性完成的，可能需要花费数年，由不同的组织，分若干不同的规划项目联合工作才能完成。规划项目则是具有有限目标的、由单一组织一次性完成的任务内容的集合，可以建立起战略规划与规划项目之间的直接联系，即战略规划是一系列规划项目的集合。若以 S 表示某一部战略规划，P_i 表示某一个规划项目，则有下列关系：

$$S=\{P_1 \quad P_2 \quad P_3 \quad \cdots \quad P_i\}$$

规划项目所具备的这种集合特点，是其能够一次性实施的理论基础。

——规划项目的资源配置机制是明确的。一个规划项目，缺一不可的要素包括实施（牵头）单位、建设地点、建设任务、建设计划、投资来源和投资概算等。将这些要素综合起来看，实际上就是一个明确发展事项内容，并为这一发展事项的实现配备人、财、物资源的机制。关于这一点，我们在前面几章中已多有论述。这是规划项目得以实施的前提，也是一个战略规划为什么必须包含规划项目的原因。

除上述内容之外，还有许多其他原因，例如相对于战略规划的实施，规划项目实施过程中的风险管理、环境管理等相对可控。

根据上述讨论，在战略规划编制工作中，该如何设计一个规划项目呢？或者，一个规划项目该包括哪些组成部分呢？一般的项目管理专著对此已经有大量讨论。下面的材料摘自国家发展改革委网站。从这一资料可以看出，一个项目至少要包括如下几个组成部分：

——项目名称：规划项目的名字。

——相关单位：明确实施单位，确立项目队伍。

——必要性和意义：从促进事业发展的角度来看，实施这一项目的必要性。对于规划项目来讲，还要对规划项目对于规划实施的促进作用进行论述。

——项目目标：项目完成后可以实现的能力或者获得的效果。

——需求分析：分析业务流程、业务架构等，研究其在哪些地方需要进行改进，并对需求指标进行测算估计。

——主要任务：根据需求分析结果，确立项目建设主要任务。

——实施计划：确立工期及年度实施计划。

——组织形式：项目实施工作机制的建立。

——投融资及其来源：对项目投资进行配置。

——环保、节能等。

上述仅仅是对于一个独立的项目，从项目管理的角度提出的一些组成要素。

在战略规划的编制过程中，作为战略规划内容之一的规划项目，对其进行描述则远没有这么复杂。并且，从战略规划实践来看，一部战略规划也不可能有足够的文字被用来专门描述规划项目——毕竟，规划项目仅仅是其中组成之一，不是最重要的组成之一。所以，在战略规划中，对规划项目的描述方式是一种简化了的描述方式。作者认为以下几个部分足矣：项目名称、简要必要性和依据、简要目标和建设内容、工期、投资来源。对于项目详细的描述还是放在项目立项阶段进行更为合理。

3.2 规划项目的论证

并不是任何一种项目都是可以作为规划项目列入战略规划的。在通过大量的研究，提出规划项目建议后，其是否能够被顺利列入战略规划，作为其重要组成内容，还需要经过严格的行政程序。这一行政程序至少应当包括两个环节：一是论证，二是批准认可。这两个环节的工作实际上是规划项目由主要"研究建议"的"咨询阶段"转变为"行政认可"的"决策阶段"的过程。这一工作过程的最终形式，就是在战略规划文本中包含相关规划项目的表述。

（一）规划项目论证的主要内容

在大量研究基础上遴选出规划项目建议，意味着前期研究咨询阶段完成而进入决策程序。因此，作为这一决策程序重要一环的论证环节，其论证重点就不是对于项目设计是否科学等单纯技术问题的研究和把关，而在于资源配置是否合理、是否符合整体布局原则，计划安排是否得当、从事业发展角度是否必要、是否存在重复建设等问题的把握上。一般地，应当对如下几个方面进行论证：

1) 必要性紧迫性。要回答如下问题：规划项目是否是推动事业发展所必需的；是否符合事业发展规律；规划项目是否是完成本规划所确定的任务所必需的；规划项目对促进经济社会发展大局的意义，包括从民生、经济、社会、文化等多个角度进行考察论证；等等。

2) 符合总体布局原则方面。要回答如下问题：规划项目是否符合国家经济整体布局原则，是否符合国家关于国土空间使用管制、促进区域协调发展相关政策精神；规划项目是否符合国家关于环保、节能、生态保护等方面的法规规定；等等。

3) 符合资源配置原则和计划等方面。规划项目筹资方案是否合理，测算标准、依据是否科学可靠；规划项目是否存在重复建设问题；规划项目参与实施的单位及人员配置是否合理；规划项目的实施计划是否合理；等等。

4) 风险性评价。规划项目实施结果的经济风险、社会风险评价；规划项目实施过程中的社会风险评价及管控策略；规划项目投资风险、政策风险等；等等。

（二）规划项目论证的主要程序

从前面的分析可以看出，规划项目的决策过程，从总体上可以分为两个阶段：一个是在战略规划的重大问题研究阶段。这一阶段的主要工作是通过研究和论证，在明确规划期内主要发展方向、发展目标和任务的前提下，遴选出符合要求的规划项目。这一阶段中所主要解决的问题是规划项目的概念设计问题，主要包括画定项目目标、项目任务等项目组成要素的大概框架，并粗略确定项目实施的技术路线。一般地，这一阶段的工作并不对其是否被最终列入战略规划负最终责任。另一个就是规划项目论证阶段。这一阶段实际上是对于某一个规划项目建议能否最终被列入战略规划的全方位考察和讨论决策阶段，带有十分明显的行政决策色彩。

正是由于这一原因，经过规划项目论证后的规划项目论证报告应当是所提交决策规划项目是否列入战略规划并最终付诸实施的关键依据，因此，其应当具备规范的形式。这就要求规划项目的论证过程执行较为严格的程序。到目前为止，并没有一个较为完善的程序可供借鉴使用，作者结合十几年的实践工作认为，构建一个较为完善的规划项目论证程序，应当重点考虑如下几个事项。

1. 论证内容和标准

我们在本节的前半部分已经讨论了规划项目的论证内容。在研究设计规划项目论证程序的过程中，重要的是要明确：

——由谁来提出并最终确认一个规划项目所需要论证的详细内容？

——这些内容经过论证后符合何种要求就可以被纳入战略规划？也就是论证标准问题。

从前面的讨论中，我们已经知道，规划项目的论证过程属于行政决策过程。作者认为，对于规划项目的论证内容及相关标准，应当由牵头组织开展战略规划的政府机关负责提出并最终确认最为稳妥。实际上，由于规划项目论证阶段重点论证内容并不与某一个具体规划项目直接相关，形式论证重于内容论证，因此，针对各类不同的规划项目论证工作，制定统一的"规划项目论证工作标准"是可能的。

2. 组织形式

到目前为止，对规划项目的论证组织形式大体有两种：一种是约请专门的咨询工作机构开展工程咨询，形成专门的工程咨询报告，供行政机关决策参考；另一种是通过组织专门的专家会议的形式开展。

目前，我国工程咨询事业发展很快，对各类项目的咨询已经形成较为规范的流程，咨询结论一般也是可以作为决策依据的。专家论证会的形式也是当前被经常使用的规划项目论证程序。但是，至少到目前为止，我国并没有形成严格的工作规范，因此，一些专家论证会易流于形式，不能很好地起到把关的作用。加强规划项目论证工作是十分迫切的工作，作者认为重点要做好如下工作：

——制定规划项目论证主要内容及标准；

——建立规划专家库及相关严格的管理制度；

——确立规划项目论证专家会议流程及相关制度，例如专家打分规则；

——执行规范的论证成果形式。

第四节　发展政策和战略规划实施规则

实现发展目标主要靠两类努力：第一类是需要进行的物质性建设工作，也就是要完成的主要任务和重大工程项目。在战略规划文本中，其表现为"任务布局"部分的相关内容，可以相对概括地将其归类为"发展"问题。第二类是需要进行的制度性建设工作，也就是政策研究制定任务，在战略规划文本中，其表现形式多种多样，有的以单独一节"发展政策"表现，有的将其与主要任务合并，还有的专门辟出"政策措施"一节加以表示。与物质性建设工作相类似，制度性建设工作可以相对概括地被归类为"改革"问题。

因此，在"任务布局"等物质性建设内容明确之后，战略规划编制下一步重点工作，就是要明确在规划期内，需要研究制定的相关政策问题。也就是要重点对"改革"任务进行研究和明确。一般地，要回答如下两个问题：

——规划期内，需要研究制定的发展政策和改革措施有哪些？

——每一项需要制定的发展政策和改革措施的政策目标、政策调节对象和大概预期内容等是什么？

4.1 确立发展政策和改革措施需要遵循的基本原则

必须清晰地认识到，发展政策和改革措施是为实现发展目标服务的。其与"任务布局"一样，是实现发展目标的"一体两翼"（图5-1）。

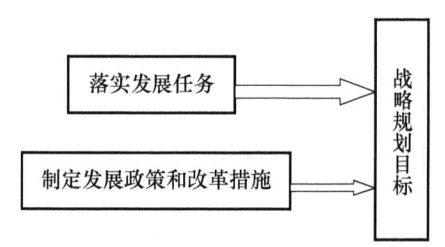

图 5-1　政策措施与发展任务的"一体两翼"

研究确立发展政策和改革措施是为落实发展思路、实现规划目标、落实各项任务构建软环境的具体部署。因此，在战略规划的编制工作中，提出发展政策和改革措施并研究制定相关规划任务，首先要充分理解"发展思路"，包括指导思想、基本原则和规划目标等部分提出的宏观要求，并在其指导下，认真分析改革创新等方面对构建发展软环境的需求，进而明确需要制定的相关政策。其次要对软环境基础进行深入分析，尤其是要明确在改革创新方面存在的不足及需要解决的重要改革问题，坚持问题导向。最后要充分考虑发展政策（以及改革措施）与发展任务之间的协调配合关系。通常，两者之间既相对独立又相互配合——发展政策（以及改革措施）与发展任务共同服务于发展思路的落实、发展目标的实现；同时，发展政策（以及改革措施）与发展任务又分属于两类不同的建设范畴，发展任务的落实为发展政策的制定提供需求，发展政策的制定为发展任务的落实营造良好的软环境。

除了上述需要遵循的原则外，确立与发展政策和改革措施相关的规划任务，还要充分研究国家总体发展改革大势，坚持顺势而为；深入分析政府及相关部门对发展和改革的总体要求。之所以这样做，一个重要原因是任何一项发展和改革事项均是国家发展改革大局的组成因素，其自然地受到各级政府发展改革总体部署的约束和引导。各级政府出台的关于发展改革的相关政策是任何战略规划中发展政策和改革措施的最基本的遵循。

4.2 发展政策和改革措施具体内容

到目前为止，对战略规划中"发展政策和改革举措"中的具体内容到底是什么，业界仍然存在争议，或者换一种说法，存在认识模糊的地方。其主要来源于国内某一段时间（大概是"十五"或者"十一五"期间）某些领域对战略规划的"八股式"的认识。这一认识认为战略规划是有"套路"的，其核心即任何战略规划应当由如下几个部分构成：

——主要成绩及存在的问题：描述前一个发展阶段所取得的进展，并对遗留问题或者新出现的问题进行阐述。

——指导思想、基本原则、发展目标：涉及发展思路上的内容。

——主要任务：一个规划文本的主体，重点描述物质性的建设内容。

——保障措施。

其中，"主要任务"部分永远是最重要、最核心的组成。

在上述"八股式"的结构中，对什么是"保障措施"这一问题，一直不能给出一个清晰而精确的回答。通常的做法是将相关发展政策（含改革措施）与"规划实施措施"均列入这一部分。

仔细分析就可以发现，这种做法是错误的。"发展政策"和"规划实施措施"本质上不属于同一范畴，它们之间甚至不应当有交集，如图5-2所示。

从图5-2中可以看出，"发展政策及改革措施"是为实现发展目标所必须要开展的"软环境"建设工作，其与"任务布局"共同组成实现"发展目标"的两个方面的主要工作，两者之间的关系大体上是：如果按照相关"布局"原则，完成了全部"发展任务"的建设工作，同时，又完成了"发展政策及改革措施"的研究制定工作，那么，也就意味着实现了"发展目标"。

但是这里面没有"规划实施措施"的事情。"规划实施措施"尽管也隶属于政策研究工作范畴，与"发展政策及改革措施"的研究制定工作在方式、结果等方面高度相似，但是，它是"战略规划"所确定的全部内容得以实现的"保障"，与"发展目标"能否实现无直接关系。也就是说：完成"任务布局"需要这些"保障"措施，研究制定"发展政策及改革措施"也需要这些"保障"措施。正是由于这一原因，现在的大多数战略规划文本在注重明确"任务布局"的同时，也十分重视以一定的文本结构来表述与发展政策和改革举措相关的研究制定任务。另外，将"规划实施"单列一节，专门论述相关战略规划实施过程中所需要的保障措施。

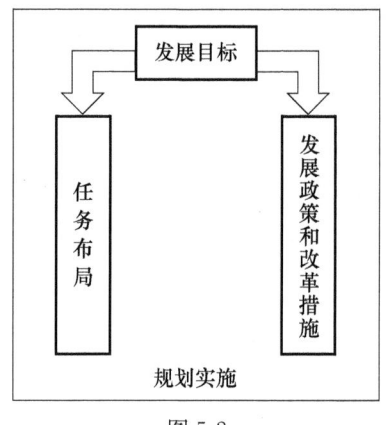

图 5-2

由此，发展政策和改革措施的具体内容应当但不限于包括如下相关内容：

——为保证发展任务得以落实，以及在时间、空间等方面的布局安排得以最终实现，所需要的相关政策安排。例如，完成任务所需要人、财、物的投入来源和投入方式、部门合作；保证形成时间布局、空间布局的有关措施等。

——为实现发展目标，需要对体制机制等方面的改革举措。例如，如何形成部门合作关系等。

4.3　规划实施

根据前面章节的论述，战略规划的实施是政府战略规划管理的重要环节，主要是指战略规划管理主体，组织有关单位，动员人、财、物等各类资源，围绕发展目标，推进各项发展、改革任务落实的过程。这一过程需要遵循一定的规则进行。这些规则需要通过战略规划的编制工作预先设定。因此，研究提出战略规划实施所应当遵循的规则，是战略规划编制工作的一项重要任务。相应的，在战略规划文本中，也应当单列一节，专门就战略规划实施的有关规则进行预先设定。

那么，问题的关键就是，如何在战略规划文本中设定这一组规则，或者讲：战略规划实施规则到底应当包括哪些具体内容？

根据作者的长期实践经验，战略规划实施规则应当包括如下主要内容：

——确立战略规划实施的领导体制和管理原则；

——在战略规划实施过程中，正确处理各参与单位之间关系的相关规则，其主要为解决各单位在战略规划实施中的责权利关系；

——建立与战略规划实施有关的各种机制，其主要解决各参与单位及人财物资源的相互协同问题；

——明确战略规划实施人、财、物等资源的筹备方式；

——明确战略规划实施机制，实施计划、时间表和路线图；

——明确战略规划实施效果检验和评估，以及战略规划修订等后续工作。

第五节　战略规划的论证

在战略规划的主体内容被初步确定之后，对其进行进一步研究论证，通过各种方式征求广大群众，特别是广大专家学者的意见建议，在此基础上不断完善战略规划，使其更加符合经济社会发展规律，更加贴近实践，是科学决策、民主决策的具体表现形式。当前，经济社会各领域之间的融合发展趋势进一步加强，谋划某一个领域的改革发展，不但需要深入了解本领域的发展规律，而且还需要深入洞察相关领域的发展规律。由此可见，战略规划工作急需跨领域、跨学科的智力支持，需要来自不同领域的专家学者共商战略规划相关问题。所谓战略规划的论证，是指组织对战略规划文本有关内容的科学性、完备性等方面进行研究并认定的活动，一般由战略规划编制机关组织相关领域的专家学者通过召开座谈会的形式，或者委托有资质的专门机构负责具体实施。

从日常工作角度来看，组织好战略规划的论证工作，需要回答好两个问题：

一是,"论证"什么?也就是,要论证的内容是什么?二是,如何组织这些"论证"工作?

5.1 战略规划论证的主要内容和任务

要厘清战略规划论证的主要内容和任务,首先要明确我们为什么必须要对战略规划文本进行论证?

我们知道,战略规划的实质是在明确了相关思路的基础上,对一系列工作的系统性安排。这一安排能否全部得到落地,关键是要看这一安排是否合理、可行。同样的道理,之所以对战略规划进行论证,关键是要保证其科学性、可行性。

2005年,国务院印发了《国务院关于加强国民经济和社会发展规划编制工作的若干意见》(国发〔2005〕33号)①,明确了总体规划"战略性、纲领性、综合性"地位,以及区域规划、专项规划等其他规划在宏观调控中的主要职责。

> 专项规划是以国民经济和社会发展特定领域为对象编制的规划,是总体规划在特定领域的细化,也是政府指导该领域发展以及审批、核准重大项目,安排政府投资和财政支出预算,制定特定领域相关政策的依据。区域规划是以跨行政区的特定区域国民经济和社会发展为对象编制的规划,是总体规划在特定区域的细化和落实。跨省(区、市)的区域规划是编制区域内省(区、市)级总体规划、专项规划的依据。

一个战略规划要承担起上述职责,必须通过一定的程序对其质量进行把关。其中最重要的就是进行战略规划论证工作。可以将战略规划论证的主要内容概括为如下四条:

——对总体规划是否具备战略性、纲领性、综合性进行研究和评价;

---

① 见 http://www.gov.cn。

——对专项规划、区域规划等是否符合总体规划的要求进行研究和评价；

——对专项规划、区域规划等能否担当起应当担当的职责进行研究和评价；

——对各类战略规划能否顺利落地等问题进行判断和分析，并提出有关意见和建议。

基于此，战略规划的主要工作任务应当包括但不限于如下几个方面。

（一）可行性论证

可行性论证主要对战略规划思路、主要任务和布局原则、发展政策及改革措施等是否可行进行研究和评价。可行性研究一般用于项目管理，主要任务是综合论证项目建设的必要性、财务上的盈利性、经济上的合理性、技术上的先进性和适应性，以及建设条件的可能性和可行性，从而为投资决策提供科学依据。战略规划的可行性论证主要是对列入战略规划中的任务集合的可行性进行研究。根据不同的战略规划种类，论证内容或者重点也略有不同。如果按照国发〔2005〕33号文件的分类方法，对总体规划的可行性分析，重在分析发展思路和任务相对于国际国内形势、需求以及发展基础等方面是否可行，是否脱离了国情实际；需要制定的政策是否符合国家发展改革需要；列入战略规划中的任务在规划期内完成的可能性分析等。

对于专项规划来讲，可行性分析可以分为技术可行性、思路可行性、规划实施路线图和时间表的可行性等方面：

第一，技术可行性：分析是否具备战略规划实施的技术条件。如果战略规划实施过程中所涉及的技术均为成熟技术，或者在规划期内技术能够足够成熟到可以提供业务支撑，则战略规划具备技术可行性；反之，则不具备。

第二，思路可行性：主要对发展思路是否脱离实际，能否对发展起到指导作用进行分析和评价。其中，对于发展目标的可行性分析尤其重要。

在一个战略规划中，发展目标作为发展思路的主要组成部分：一方面，对发展实践具有宏观指导作用；另一方面，对未来战略规划能否落地至关重要。发展目标定得过高，难以达到，将使战略规划落空，使"规划"变为"鬼话"；发展目标定得过低，不能满足发展实践的需要，难以在指导实践中发挥其应有的作用。在初步确定发展目标并对其可行性进行慎重确认后，发展目标方能发挥其应有的作用。

第三,战略规划实施措施的可行性:战略规划实施措施的可行性分析主要涉及两个方面的内容:一是分析参与战略规划实施的相关单位是否合适,为战略规划实施而提出的组织形式是否得当?二是战略规划实施步骤、时间安排等方面是否可行?

对参与战略规划实施相关单位进行可行性评价的前提是要明确与战略规划实施相关的部门或者单位的具体名单。一般地,与战略规划实施相关的具体部门和单位分为两类:一类是在战略规划实施工作中负责组织的部门和单位,这通常是战略规划的编制部门或者单位;另一类是具体参与实施的部门和单位。

不同的战略规划,其参与实施的部门或者单位是不同的,战略规划实施的组织方式也就不同。国家和地区总体规划的重点是明确一个阶段内国家和地区经济社会发展的总体思路和总体目标,以及涉及全局的重大发展和改革举措,其实施过程一般需要动员全国(或者相关地区)人民的集体智慧共同参与。因此,总体规划所明确的发展改革任务需要通过进一步编制和实施专项规划、区域规划和有关政策等来分别落实。所以,参与总体规划实施的具体部门和单位也就是与各类专项规划、区域规划和相关政策相关的具体执行部门或者单位。工作过程中,最重要、最核心的单位是负责总体规划实施组织工作的单位或者部门——对于国家总体规划而言,就是国务院及负责总体规划编制工作的国家发展改革部门;对于省级总体规划而言,就是省级政府及负责省级总体规划编制的省级发展改革部门。其"重要""核心"之处在于要高效率地组织好总体规划的实施,尤其要通过制定相关管理制度,明确总体规划、区域规划和其他规划之间的相互关系,明确在总体规划实施具体工作中,各专项规划、区域规划该怎样工作,以保证相互之间的衔接和协调。也就是说,要搭建一个健康的总体规划实施组织方式,关于这一点,我们将会在下一章中做专门讨论。

专项规划和区域规划是总体规划的实施规划。这就要求列入这一类战略规划中的发展任务和改革措施是具体的和可执行的。同时并且也是更为重要的,参与实施战略规划的部门和单位也应当是明确而具体的。因此:

> 对专项规划和区域规划实施措施的可行性做出评价的一种重要标准,就是看其参与实施的部门或者单位是否清晰而具体。如果参

与实施的部门或者单位清晰、具体,则具备可行性;反之,则不具备。

可能有的读者会问,难道还存在参与实施的部门或者单位不明确的专项规划或者区域规划吗?回答是肯定的。尤其是在前些年,这一状况较为普遍。目前,伴随着我国对规划管理体制进行持续的改革,对战略规划实施职责进行分工已经成为常态,参与战略规划实施的相关部门或者单位不明确这一现象有望彻底消亡。

在参与实施的部门或者单位清晰而明确的前提下,战略规划实施的组织形式是否可行又是需要认真做出评价和论证的重要问题。在这里,所谓组织形式,主要是指负责战略规划实施组织职责的部门或者单位,与参与战略规划实施具体工作的部门或者单位之间的工作机制和关系。不同性质的战略规划,对其实施组织形式的要求是不同的。好的组织形式可以有效发挥各相关部门或者单位的长处,形成合力,促进战略规划的实施;不好的组织形式则可能起到相反的作用。因此,对组织形式的可行性做出评价是战略规划论证工作的重要内容。

对战略规划实施步骤和时间安排等方面可行性的评价,实质上就是对路线图和时间表是否可行所进行的评价。时间表是管理时间的一种手段,它是将某一时间段中已经明确的工作任务清晰地记载和表明的表格[①]。路线图明确了相关单位在实施战略规划所确定的各项任务时,所应当遵循的组织模式、技术路线、阶段划分、实施步骤及程序等,是战略规划实施方案的核心内容。

将时间表和路线图作为战略规划的内容之一列入战略规划文本,还是近几年的事。十八大之后,中央进一步重视战略规划在宏观调控中的作用,并为此对战略规划实施提出了进一步要求。由此,时间表、路线图作为战略规划文本的重要组成内容被逐步得到确认并付诸实践。例如,2015年3月,国家发展改革委、外交部、商务部共同发布《推动共建丝绸之路经济带和21世纪海上丝绸之路的愿景与行动》,在其"共创美好未来"部分,明确"中国愿与沿线国家一道,不断充实完善'一带一路'的合作内容和方式,共同制定时间表、路线图,积极对

---

① 见360百科"时间表"词条。

接沿线国家发展和区域合作规划"。将时间表和路线图的研究制定作为落实这一"愿景与行动"的具体工作。

在讨论时间表和路线图的过程中,必须将作为战略规划文本主要内容的时间表、路线图与战略规划实施方案(或者实施计划)严格区分开来。一般地,主要有两点区别:一是时间表和路线图是对战略规划实施在宏观层次上的原则性制度安排,主要涉及战略规划实施责任主体、主要工作内容及节点、推进阶段等的划分以及每一阶段的主要推进措施等;二是作为战略规划文本主要内容的时间表和路线图是指导未来研究制定战略规划实施方案的工具。时间表和路线图在战略规划编制阶段,与各项战略任务同步提出。这一方面意味着由时间表和路线图所确定的战略规划实施的方式、措施、计划等是完成战略规划任务、实现战略规划目标所内在需要的;另一方面也代表了战略规划编制部门或者单位关于战略规划实施方式、措施、计划等方面的筹划意见。负责战略规划实施的相关部门或者单位只有严格按照这一筹划意见制订战略规划实施方案,才能真正体现战略规划意图,并最终达到战略规划愿景。由此,战略规划时间表和路线图是否清晰、是否符合实际等要素就成为对其进行可行性论证的重要标准。

——资源配置的可行性。在我国社会主义市场经济条件下,为战略规划实施配置资源一般有两种方式:一为通过政府配置资源,二为通过市场配置资源。根据经济学的一般原理,需要通过政府配置资源的战略规划任务一般属于公共事业范畴,并且不能通过市场获得资源——这一般被称为市场失灵的战略规划任务。西方经济学需要拿出相当的篇幅来论证、说明什么是市场失灵。不同国家,属于市场失灵的任务或者事项实际上是不一样的,一项战略规划任务在一个国家市场失灵,在另一个国家则未见得。目前在我国,判断一项战略任务是否市场失灵,可以依据以下三个标准:

——是否属于公共服务范畴。公共服务由政府提供,一般容易存在市场失灵现象。

——战略规划任务是否有盈利的可能性。如果具备盈利的可能性,社会资本将有兴趣进入,从而可以通过市场筹措资金,否则,只能通过政府来获得完成任务所需要的资源。

——战略规划任务本身就是市场提出的任务,其需要通过市场筹措资金予以完成。

资源配置的可行性论证主要就是要对战略规划任务的性质及其资源配置方式是否匹配进行判断和分析。市场化任务或者具备市场前景的任务采用市场手段配置资源；市场失灵的任务通过政府配置资源。果真如此，我们可以说，战略规划的资源配置方式是可行的。

(二) 科学性论证

科学性论证一般包括三方面内容：是否符合发展规律；是否符合需求和基础；是否做过合理的风险分析。

一部战略规划的科学性主要是指其确定的发展思路、各项战略规划任务和政策措施是否适应发展的基础条件（也就是是否切实可行），顺应发展的环境和趋势，并真正符合实际需求。因此，对一部战略规划进行科学性论证，首先是要看其对形势的分析是否客观到位，对问题与挑战的把握是否准确。尤其是要看，其是否进行了真实可靠的需求分析。在战略规划工作中，形势分析等工作是基础性工作，贯穿前期研究工作全程，专业化程度高，需要采用现代科学研究的方法，利用较长时间、较大规模的团队、专业的知识和技术进行深入探讨。可靠、科学的形势分析结论往往在很大程度上决定了后续发展思路和相应任务、政策的科学和可靠，从而决定了整个战略规划的"质"。严谨的需求分析则在很大程度上决定了每一项任务的大小、多少，从而决定了战略目标、战略任务需要完成的"量"。与形势分析大多属于专业研究工作相类似，对其论证相关工作也属于专业化程度较高的工作，需要组织专业人员专门进行。

风险分析也是关系战略规划能否落实，即其是否具备足够科学性的重要保障。在战略规划工作中谈论"风险"分析，正如前面章节的分析，主要是指要对影响战略规划实施的诸多不利因子进行分析，并探究如何避免有关问题发生的工作。战略规划一般涉及某一领域内数年工作的统筹安排。有许多因素会导致某一年或者某一项战略规划任务的执行延迟、停滞甚至取消，例如：

——需求不再有。需求是动态的，某一个时期特别需要的东西，可能由于这样或者那样的原因，在另一个时期变得不再需要。需求不存在，相应的战略规划任务也要相应地做出调整。

——资源配置没有到位。可以配置的资源总是有限的。当预定用于完成战略规划某一项任务的资源被临时用于更有需求、更有价值的用途时，势必会影响到战略规划任务的实施。

——发生一些超出设想的重大事件。2008年我国四川汶川发生地震，致使许多原已规划好的建设事项被推迟甚至取消。与四川发展改革相关的各类战略规划均面临调整的需要。所以在战略规划编制过程中，应当尽可能全面地统筹考虑所有有可能影响战略规划未来执行的因素，并有针对性地提出相应的预案。

正是由于上述原因，对战略规划文本中的风险分析部分进行论证，探究其是否具备针对性、措施是否可行等，应当成为战略规划论证的重要内容。

（三）完整性论证

所谓完整性论证，是指对战略规划在内容上是否完整、全面的论证。所谓战略规划内容上的完整性，从形式上看，是指战略规划文本内容是否包含了所有其应当包含的要素。从当前的实践来看，主要包括如下几个方面：

——编制依据；

——发展基础；

——发展思路，又可以分为指导思想、基本原则和发展目标；

——发展任务及战略行动；

——发展政策；

——战略规划实施的保障措施。

从内涵上看，其是指战略规划文本是否正确地反映了发展愿景要求；发展目标是否在发展愿景指导下，并在对发展形势和发展规律的分析基础上提出；发展任务及发展政策是否又与发展目标相匹配，是否具备合理科学的资源配置方式等。

战略规划是发展政策的一种，是"谋划"性质的政策。因此，要体现"谋划"的特征，也就是，要体现出从当前基础开始，如何一步一步向前发展的逻辑思路。对战略规划进行论证，说到底就是要对这一"逻辑思路"是否可行进行评价和判定。而完整体现这一"逻辑思路"的形式，最主要的就是上述从"编制依据"到"发展基础"再到发展任务和政策等一系列要素。这是为什么对完整性进行论证，必须对上述各部分进行论证的主要原因。

5.2 论证的组织及形式

采用什么样的方式对战略规划进行论证、如何组织每一项论证活动等问题，关系到战略规划论证的质量。目前，一般被采用的论证方法有两种：

第一种是由战略规划编制部门或者单位邀请专家组织召开专家论证会的方法。这一方法通过组织专家阅读战略规划文本、前期研究资料以及相关其他资料，并对战略规划编制具体工作小组就有关问题进行质询后，在此基础上对相关问题做出判断。这一方法简单易行、组织工作简单、费用少、效率高；缺点是由于受邀请的部分专家对战略规划工作本身情况不熟悉，再加上专家论证会一般会期较短，留给专家阅读材料、了解情况的时间就更短，因此，专家有可能对情况的掌握不全面、对问题的把握不准确，难以发现战略规划本身所存在的深层次问题。由此专家论证会流于形式，不能起到把关、评判的作用。

第二种是委托专门的咨询机构来进行论证。工程咨询机构具备承担战略规划编制、评审、论证等任务的能力，其所拥有的专家库专业化程度较高、专业门类齐全、工程咨询经验丰富，工作程序、工作制度较为完善，因此，论证结论较为可靠。委托这一类机构开展战略规划的论证工作是未来的重要发展方向。但是，这一方式也存在不足，表现在所花费的费用较高、工作周期较长等，对于一些时间紧、经费少的战略规划工作不太适合。

无论采用何种方式对战略规划进行论证，均涉及论证专家的组成这一核心问题。如果参与论证的专家拥有多样化的学术背景，则可能带来更加客观、真实的论证结论；如果参加论证的专家学术背景单一，则可能会形成较为偏颇的论证结论，从而影响战略规划的编制质量。这是其一。其二，论证专家的责任心也是影响论证结论的重要因素，其影响到战略规划编制工作的质量。

正是由于这一原因，国发〔2005〕33号文件，对参与战略规划论证的专家的专业背景有特别的要求。国发〔2005〕33号文件单独列出"编制规划的专家论证制度"一章，其主要内容为："为充分发挥专家的作用，提高规划的科学性，国务院发展改革部门和省（区、市）人民政府发展改革部门要组建由不同领域专家组成的规划专家委员会，并在规划编制过程中认真听取专家委员会的意见。规划草案形成后，要组织专家进行深入论证。对国家级、省（区、市）级专项规划组织专家论证时,专项规划领域以外的相关领域专家应当不少于三分之一。规划经专家论证后,应当由专家出具论证报告。"国务院之所以作出这一规定,主要原因是:战略规划要解决的问题是对某一领域在规划期内的工作做出谋划和统筹安排。其不但涉及本领域的专业知识,同时也涉及相关领域的专业知识。例如,研究提出科学的资源配置方式就需要一定的经济学、财政学等方面的技能。相应的,对战略规划进行论证也需要多学科的专家共同努力,以便形成更为科学客观的规划结论。

第六节　战略规划的衔接

战略规划之间的衔接工作,是指根据一个国家总体战略规划思路的要求,为落实国家总体规划所确定的各项战略任务,与国家总体规划相配套的各专项规划之间、区域规划之间、专项规划和区域规划之间,以及国家总体规划和各地区总体规划之间在发展思路、发展任务和布局、发展政策与改革措施之间是否保持相互协调的状态进行测定、检查并改正的过程。在战略规划日常实践中,由于战略规划的论证和衔接均发生于规划文本初步编制完成之后,并且可以同步进行,因此,在实际工作中,往往很难严格区分两者之间的细微差别,论证中有衔接、衔接中有论证的事情是经常发生的。

对各类战略规划进行衔接,其必要性来源于战略规划体系。在本书前面几章中我们已经进行过讨论,不同类型的战略规划从不同的角度对同一规划对象——某一时期的经济社会发展——进行总体谋划和具体工作安排,这些不同类型的战略规划组成战略规划体系。所谓"体系",主要是指各战略规划及其之间应当具备相互补充、相互协调的关系。在各类不同的战略规划编制过程中,只有在同一框架下做好各类战略规划的衔接工作,才能保证这些战略规划之间具有上述相互补充、相互协调的关系,从而能够对某一个时期的经济社会发展做出全面、准确的规划和谋划。所谓"同一框架",是推动经济社会各领域发展所要共同遵循的基本原则和基本约束。其一般被列在国家总体战略规划文本中,作为总体发展思路的重要构成。

一般地,战略规划衔接,主要包括发展思路的衔接、任务布局的衔接以及资源配置的衔接等部分。

发展思路的衔接包括如下含义：

内容是否符合"相互配合""互为补充"这一原则？其含义有三：国家总体发展思路是否对专项规划和区域规划、地区规划等的发展思路形成指导关系，即总体发展思路所体现的核心内容和发展理念是否在专项规划、地区规划的发展思路中得到完整准确地体现和贯彻；各区域规划、专项规划的发展思路在充分体现总体发展思路核心内容的同时，是否又根据具体规划对象进行了准确的扩充，并且，扩充内容和总体发展思路之间形成了符合客观规律的衔接和过渡关系；各战略规划对发展思路的文字表述是否符合规范化要求，即总体规划、区域规划、专项规划对发展思路的表述是否在用词、语法、语义等方面保持一致。

任务布局的衔接主要包括：

1）分列于不同战略规划中的发展任务和建设工程是否符合各自战略规划的定位要求？不同战略规划任务之间是否存在重复建设问题？相互之间是否衔接？只有涉及发展的战略规划才有明确发展任务和相关工程建设项目的必要，也才具备开展任务布局衔接的必要。如果参与衔接的战略规划符合如下标准，我们就认为其是相互衔接的：

> 总体战略规划应当明确跨领域、跨地区的发展任务和建设项目，一般不需，也不应当列出属于某一个领域或者某一个地区的发展任务或者建设工程。专项规划一般需要明确本领域的发展任务或者建设项目，不需、也不应当明确跨领域发展任务或者建设工程，也不应当明确其他领域或者地区的发展任务或者建设工程。区域规划一般需要明确本地区的发展任务或者建设项目，不需，也不能明确跨地区发展任务或者建设项目。

2）一个战略规划体系中所有战略规划所明确的发展任务和建设工程是否符合相应空间布局的原则规定。所有战略任务的落地均需要一定的地理空间。也正是基于这一原因，根据前面几章的分析，主要服务于地理空间管制的战略规划，例如土地规划、主体功能区规划等，其规划思路和具体规划内容就存在与发展战略规划之间的相互配合和衔接的问题。主要包括两个方面：一是空间规划所确定的地理空间及相关要素的使用原则，是否符合各项发展任务落地的要求。正是由于这一要求，在各类地理空间规划编制过程中，应当重点从完成各项发展任务的需求出发，做深做细需求分析。准确、深入的需求分析是保证空间规划与发展规划相互衔接的基础和前提。二是发展规划中的各项发展任务和建设项目在空间上的布局应当符合空间规划所确定的国土空间使用的基本原则，即各项战略任务在空间上的布局原则应当与空间规划原则一致。以下为国发〔2005〕33号文件的相关规定[①]：

> 规划衔接要遵循专项规划和区域规划服从本级和上级总体规划，下级政府规划服从上级政府规划，专项规划之间不得相互矛盾的原则。编制跨省（区、市）区域规划，还要充分考虑土地利用总体规划、城市规划等相关领域规划的要求。

3) 一个战略规划体系中的所有战略规划所明确的发展任务和建设工程在时间安排上是否协调？战略规划任务和建设工程的实施均有预订的时间安排。理论上讲，为了促进经济社会总体发展的协调性，不同战略规划任务和建设项目的开工时间应当是有先有后的，相互衔接的，例如属于基础性工作的建设项目应当先开工，以便为其他类型项目的开工打下基础。由于战略规划任务和建设工程被分别列在不同的战略规划文本中，并且不同的战略规划文本由不同的机构或者组织编制、实施及印发，如果不进行战略规划相互协调，不同战略规划项目的开工时间势必会相互冲突，战略规划之间的"体系"性也就无从谈起。

资源配置的衔接。战略规划的实施总是需要人、财、物等资源的投入。因此，一部战略规划要真正得到实施，该战略规划的编制部门就有必要与具有上述人、财、物管理权限的部门或者单位通过某种方式取得共识。在当前实际工作中，取得这一共识的方法一般有两种，均属于战略规划对接工作范畴。第一种方

---

① 见《国务院关于加强国民经济和社会发展规划编制工作的若干意见》（国发〔2005〕33号）。

法主要与政府投资和预算安排有关，在战略规划明确主要任务和建设项目之后，要征求投资部门和财政部门的意见。这些部门对规划项目和任务的肯定意见是规划任务和项目开工的前提。2015年，《国务院关于实行中期财政规划管理的意见》要求财政部牵头编制全国中期财政规划，要求各部门应结合国民经济和社会发展五年规划纲要及相关专项规划的实施，按照部门职责分工，研究未来三年涉及财政收支的重大改革和政策事项，并测算收支数额，提交财政部门汇总。各省、自治区、直辖市及计划单列市财政部门也要参照中央做法，编制地方中期财政规划。这一制度从资金投入上为做好战略规划工作提供了保障。剩下的，就是在战略规划工作中，深刻理解国务院要求，做好相互之间的规划衔接工作。第二种方法与其他资源，例如与人才、自然资源、能源资源等的配置有关。从目前工作实践来看，对这些资源进行配置所遵循的原则一般通过编制专项战略规划，例如按能源资源规划、人才规划等进行。做好战略规划之间的衔接应当是保证这些资源进行正确配置的基础。

第七节　战略规划的报批程序

在战略规划各项前期工作基本告一段落后，及时履行报批程序，对战略规划文本相关内容进行确认，是将战略规划文本由"研究成果"变为"政府决策"的必然步骤，也是我们称战略规划编制工作为政府决策工作，而不是科学研究工作的主要标志。由此，战略规划编制工作，除要组织搞好战略研究、组织开展文本编制、进行战略规划论证和衔接等工作外，还要做好对战略规划文本的审查批准等工作。通过这些工作，在保证战略规划具备科学上的正确性的同时，保证其在行政程序上的合法性。

7.1　报批程序所要解决的问题

追求战略规划在行政程序上的合法性，也是从问题导向出发的。假如不存在需要通过履行行政程序来解决的问题，谈何履行报批程序？因此，首先需要明确的是履行报批程序要解决的问题。

通过本书前面的分析，履行报批程序需要解决的问题主要有两个：一是要保证战略规划的"体系化";二是要对每一战略规划研究编制工作的完备性做出评判。

——保证战略规划的"体系化"。关于战略规划的体系化,我们在前面几章中已进行过深入的讨论。在实际工作中,保证这种"体系化"的主要办法就是在按要求开展战略规划论证及衔接的前提下,严格履行战略规划报批程序。根据我们对战略规划体系的讨论,国家总体战略规划对国家经济社会发展做出总体的部署,区域规划、专项规划等其他战略规划均可看作是这一国家总体战略规划的实施战略。从这个意义上讲,战略规划报批工作,就是要由国家总体战略规划来判定其他战略规划是否符合"实施"总体战略规划之要求。如果通过各种标准认定其符合要求,这一战略规划将作为战略规划体系的重要一员纳入国家战略规划管理之中,其后续的实施、检查监督才能纳入政府工作日程。

——战略规划编制工作完备性审查。从某一具体的战略规划编制来讲,履行报批程序,是指政府或者其委托部门对战略规划编制所有成果——包括前期研究及其成果、编制形成的文本以及后续的论证和衔接成果——进行认可的工作。只有履行过行政程序的战略规划文本,才能体现政府意志,成为政府决策的组成部分。

由此,政府或者其委托部门履行行政程序所主要审查的对象,就是本章前面所讨论的所有内容,具体审查项目及相关标准参见表5-1。需要说明的是:对战略规划文本进行程序性审查,其工作重点与前面几节讨论的研究和论证不同。对战略规划前期研究成果进行评审、对战略规划文本进行论证等工作注重研究其内容是否科学等问题,而履行报批程序所关注的重点是程序性、形式性审查,重点审查每一项工作是否到位,是否符合相关工作要求,而不太关注具体内容是否科学完备。

表5-1 战略规划报批程序审查项目及判定标准

审查项目	判定标准
编制依据	战略规划编制工作是否符合和体现了: 法律法规规定精神; 政府及其委托部门相关文件要求; 政府及其委托部门领导相关讲话、批示要求; ……

续表

审查项目	判定标准
前期研究工作的充分性	前期研究课题设置的科学性、完备性； 前期研究课题管理的规范性； 承担单位和相关专家学术水平及与研究需求的适应性； ……
战略规划文本具体编制工作	战略规划文本编制组织工作的合理性； 参与文本编写的人员的学术背景、素质等方面的情况； 战略规划文本与前期研究成果的相互衔接性； ……
战略规划文本的论证及衔接	战略规划的论证方式、参与专家、组织等是否符合要求； 战略规划相互衔接的具体方式等是否符合要求； ……
文档完整性审查	所有与战略规划编制相关的文档是否完整
编制程序的完整性审查	是否包括前期研究、文本编制、论证、衔接等程序； 履行每一程序是否符合预定的方案要求； ……

7.2 由谁来履行战略规划报批程序？

所谓履行战略规划报批程序，无非两件事：一是"报"，也就是，由谁来申报？很明显，由战略规划组织编制部门或者单位。二是"批"，也就是审核批准，由谁来做出对战略规划是否可行的判断结论。

目前，我国不同类型的战略规划由不同机构审批。国家总体规划由全国人大审批同意，地方总体规划由地方人大审批。与国家总体规划相配套的专项规划以及一些重要区域规划，如果依据充分，由国务院及地方政府负责审批。还有一些战略规划或者一些行业规划由编制部门自行审核后印发。

根据前面的分析，理论上讲，解决战略规划的报批究竟由谁负责这一问题，需要进一步回答两个问题：总体战略规划的实施需要制定哪些、何种类型的战略规划？每一种战略规划具体编制的法定程序如何？如果某一战略规划被列入总体战略规划需要的规划目录中，其审批理所当然要由总体战略规划的编制部门负责。当然，在报送战略规划审批之前，编制部门首先要对第二个问题做出程序上的回答。具体请参见图5-3。

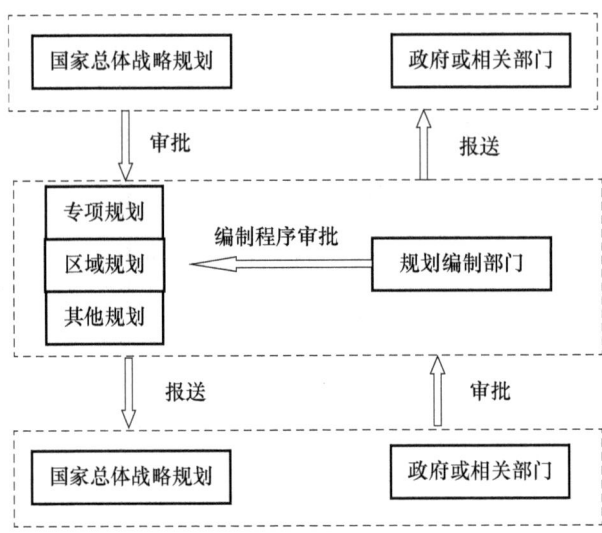

图 5-3　战略规划报批程序示意

第六章
战略规划的组织实施

编制出一部好的战略规划文本,仅仅是战略规划管理工作的第一步。如何实施好战略规划,保障列入战略规划文本中的各项任务完美落地,才是战略规划管理工作的关键。"规划规划,纸上画画,墙上挂挂"这句牢骚话,反映了战略规划得不到很好实施的烦恼,真切地表明了战略规划实施在整个战略规划管理工作中的关键地位。因此,对战略规划管理相关工作进行研究,重点之一是要深入研究战略规划实施问题。

第一节 战略规划实施的本质及影响因素

战略规划实施,总是与战略规划在经济社会发展中所发挥的作用分不开的。所谓战略规划实施,是指通过采取各种措施,充分挖掘战略规划在推进经济社会发展中作用的工作过程。一部战略规划在推进经济社会发展中能够发挥多大的作用,主要与两个因素有关:一是战略规划内容的科学性、可操作性等问题;二是战略规划执行过程的科学性、合理性问题。关于战略规划文本的科学性问题,我们在上一章中已经进行了较为深入的论述。作为上一章与本章内容的衔接,我们利用一节的内容,对其进行进一步讨论。

1.1 战略规划对经济发展促进作用的演变过程

在我国,战略规划在促进经济发展中的作用存在一个演变的过程。计划经济时期，经济活动主要由年度的或者跨年度（一般为五年）的刚性计划安排。以科学性、宏观指导性为主要特征的战略规划工作仅仅体现为抽象的战略思维活动，其结果被淹没在刚性计划的编制之中，体现不出其应有的价值。伴随着我国市场经济的发展，各类市场主体逐步在经济活动中占据主导地位，政府逐步从对经济的微观管理中退出，转而通过产业政策等工具对宏观经济活动进行调控。政府关注的重点也相应地转向产业布局、重复建设等宏观问题。例如，长江中下游内河港口的宏观布局问题，其涉及多个省份以及经济总量、经济结构、客流物流情况、水深及通航条件等因素。这类问题单靠过去的计划管理手段不可能获得解决，必须发挥战略规划工作的作用，对所有这些因素进行综合分析研究，根据我国关于全国和该地区经济社会发展愿景、目标等，综合提出布局方案。尤其是在市场经济条件下，市场主体不再是政府的下属单位，不可能完全按照政府的指令从事生产经营活动。政府要做好对全国经济的宏观管理工作，就必须研究和跟踪各类市场主体的行为，根据市场发展规律，研究制定促进整个国家经济健康发展的有关政策。这种分析宏观经济形势、明确政府期望和目标追求、提出相关政策措施的过程实际上就是一个战略规划的过程。

伴随着这一演变过程，在"九五""十五"计划期间，我国政府部门大量核减年度计划数量，削减年度计划的执行刚性，并逐步提高五年计划的指导性和宏观性。经济生活中，带有刚性约束力的"计划"逐渐退出历史舞台，重点发挥柔性指导作用的规划逐渐占据主导地位。一段时间内甚至出现只要战略，不要计划；只要指导性、不要刚性操作的趋向。也正是由于这一原因，五年计划的实施没有了年度计划的支持，再加上又没有找到其他有效手段，因此，一段时间内，五年计划面临流于形式、无法落实的窘境，成为"纸上画画，墙上挂挂"的形式主义的东西。五年计划在推进经济发展中的作用开始饱受质疑。

"十一五"期间，党中央明确了国家计划同财政政策、货币政策一样，是宏观调控体系的重要组成部分。国务院又印发文件专门明确提出国家专项规划，并明确国家专项规划在配置政府资源、促进经济发展中的重要地位和作用。至此，国家计划（即我国国家层面的战略规划）对配置资源、促进发展方面的模糊作用得到初步纠正。之所以说是"初步纠正"，是因为，到目前为止，战略规划的作用还远远没有得到充分的挖掘，例如战略规划在重大基础设施的布局等方面的作用目前就没有得到很好的发挥。所以相关的研究工作亟待深入，以充分发挥战略规划在宏观调控中应有的作用。

1.2 影响战略规划发挥宏观调控作用的因素分析

战略规划工作过程，作为集体的、带有社会性的战略思维过程，能否很好地发挥宏观调控的作用，受许多因素的影响和限制。从总的方面讲，主要的因素涉及战略规划文本的科学性和完整性、战略规划工作过程的科学性和规范性问题，以及战略规划实施过程的科学性和完整性问题等。

（一）战略规划文本的科学性、完整性问题

前述战略规划框架内容，仅仅具有一般的意义。在实践中，不同类型的战略规划具有不同的要求，例如企业战略、军事战略、国家战略等。就我国的战略规划工作来讲，其更多地来源于我国的计划管理思想。西方企业战略管理思想由于在最近几年才被引入我国，所以对我国相关工作的影响还没有充分显现。也正是由于这一原因，特别是前几年，国家规划的主要表现形式是由发展形势、指导思想、主要目标、主要任务、政策措施等构成的"五段论"。这种"五段论"的表现形式曾经流行了较长时间，从某种程度上讲，已经开始对我国战略规划工作中的创新带来负面影响。此后，伴随着我国对西方战略管理思想的不断学习，战略规划文本终于逐步脱离"五段论"的束缚，而步入既严谨又活泼的新阶段。

这种灵活的而不是刻板的战略规划文本形式保证了战略规划内容的科学性和完整性。战略规划内容科学性的要点主要有：形势分析要客观准确，对内部发展因素，例如投入、人力、组织方式等应当全面，对外部因素的分析也应当实事求是。一般地讲，外部因素分析，受制于信息获取等问题，难以像内因分析那样全面准确。因此为了提高分析质量，应当注重日常信息收集和数据积累，这对国家战略规划工作来讲尤为重要。发展目标、主要任务、布局、政策等要兼顾发展需求和可实施性、可考核性。可实施性是指发展目标和任务应当有相应的资金、人员等资源保证；发展规划指标应当与可获得的资金、人力等资源相匹配；发展政策应当基于充分的预研，并符合国家的宏观管理背景和行政体制要求。

战略规划内容的完整性重点强调要充分考虑战略规划实施路径的设计，并专章体现在规划文本之中。战略规划实施路径应当重点就下列问题做出回答：

——规划由谁来组织实施，政府部门、市场主体还是两者共同负责？

——如果由市场主体负责实施，政府该如何发挥作用，才能保证政府能够获得在制定规划时期望的结果；如果由政府部门负责实施，各部门的责任及义务是什么？

——规划实施所需要的资源的配置方式怎样，包括经费、人员、技术装备等，尤其是规划需要政府部门负责实施时，如何将规划的主要任务与我国现行投资、财政、人事等制度有效衔接？

——规划实施过程中的风险管理问题，一般要对两类风险进行分析：一是规划实施本身的风险。一旦出现资金投入、人员变动、组织机构更换等突发情况后，规划是否还能顺利执行下去？避免规划执行风险的具体思路和举措等。二是规划实施可能导致的其他风险问题。这在战略规划研究阶段就应当经过充分的酝酿，例如规划实施过程中是否会引起群体性事件，是否会导致环境的污染或者其他自然灾害等，出现风险问题后如何应对等问题。

（二）战略规划工作过程的科学性和规范性

战略规划工作过程的科学性和规范性通过两个途径对其发挥宏观调控作用产生影响：一是过程的科学性和规范性保证了文本的科学性和完整性，并进而保证其宏观调控作用的有效发挥；二是过程的科学性和规范性有利于将战略规划研究制定过程变为共同研究、统一思想、形成共识的过程，从而为下一步整合力量，形成心往一处想、劲往一处使的良好局面奠定基础。因此，过程的科学性和规范性对于发挥其宏观调控作用相当重要，其主要由工作程序的规范性和工作环节的科学性构成。

工作程序的规范性。战略规划的研究制定工作是集技术特征与行政特征于一身的复合工作。所谓技术特征，主要是指工作对象的技术特征和工作过程技术特征。工作对象的技术特征无须赘言。工作过程的技术特征是指工作程序中前期研究、论证等的科学研究工作实质。而工作过程的行政特征是指前期研究和论证等工作是在一定行政力量指导下的科学研究工作，强调其与通常意义上的科学研究工作的差别，这种差别主要体现在集体开放式研究而不是科学家个人的研究，研究过程的标准化、规范化而不是自由的研究。这就要求规范化的战略规划工作过程要包括前期研究、起草文稿、征求意见、论证等必需的工作程序，并且这种工作程序是强制性的，不可或缺的；同时应当研究制定战略规划研究制定的标准化工作程序，以进一步保证战略规划工作过程的规范性。

工作环节的科学性。实践中应当重点把握几个环节：一是前期研究环节。战略规划工作以调查研究工作为基础，调查不全面、数据不准确，影响对发展形势的判断和把握，并进而影响战略规划的科学性。二是论证环节。科学的论证程序和广泛征求意见是体现民主决策精神和群众观点的重要方面，是保证战略规划符合科学，体现最大多数人群心声的基本环节，只有通过这一过程，吸引广大人民群众参与，才能使战略规划起到凝聚人心的作用，保证战略规划的实施效果。三是报批环节。这一环节是战略规划由一项研究性的成果转换为政府决策的重要环节。只有经过了一定的行政程序的战略规划才能成为国家意志，成为具有强制性的行政决定。所以，报批环节是非常重要的。除此之外，还要通过报批环节，建立起保障战略规划顺利实施的机制。

（三）战略规划实施过程的科学性和合理性

战略规划的实施至少涉及两个方面的内容：

一是战略规划实施的横向衔接协调机制。不同类型的战略规划实施机制是不同的。公共事业建设方面的战略规划的实施一般需要政府投入大量资金，并由政府部门负责建设和使用的组织工作。因此，这一类战略规划的实施首先是要建立起跨年度战略规划与年度投资预算之间的有效衔接机制，保证战略规划实施所需要的资金投入；在此基础上，设计好建设过程中的组织方式，目前已经有许多模式可供选择，例如通过委托代建方式委托第三方建设，政府部门自己组织，通过政府采购方式邀请市场主体参与建设，或者政府部门自己建设等。以市场主体为战略规划实施责任单位的，政府部门需要通过项目核准等政策手段，制定防止重复建设、生产力布局、资源环境管制等方面的规划，使市场主体沿着政府划定的界限开展工作。需要政府和市场主体共同参与实施的战略规划，要明确各方的权益，尽力实现双赢。

二是战略规划实施动态工作机制问题。鉴于战略规划实施过程需要跨越较长时间，战略规划实施的条件、环境会发生动态变化，因此，应当持续跟踪战略规划实施过程，建立规划实施评估机制，并适时对战略规划做出修订。

第二节 战略规划实施的路径及机制

本节开始先引用美国著名管理学者彼得·德鲁克的一段话[①]：

> 除非转化为具体的工作，否则最好的规划，也只是一项规划，即良好的愿望。判定一项规划是否能够实现预期成果的主要特点，是使关键人员从事特定的任务。对规划的测试是：管理当局是否切实地把各项资源投入到在将来可以取得成果的行动之中。如果不这样，那就只有诺言和希望，而不是规划。

在同一本书中，他还写道：

> 同时，也必须对管理者提出如下问题来测试一项规划："你目前能把多少人投入到这项工作中？"如果该管理者转过身来说："我目前不能把最好的人员抽出来，只有在他们完成了既定的工作后，我才能够让他们投入到今后的工作中去。"那么，这个管理者实际上是在承认，他并没有规划，但这也正好表明，他需要有规划，这是因为，规划最大的目的正是为了表明稀缺资源——最好的人员是稀缺资源——应该用于何处。

作者认为，彼得·德鲁克的上述文字道出了事关战略规划实施的两个核心问题：第一，要将战略规划"转化为具体的工作"。战略规划是跨年度的工作部署，而具体工作是按一天天、一年年、一步步的节奏进行安排的。因此，如果将战略规划实施作为一项政策研究课题来探讨的话，研究将战略规划文本转化为具体工作计划——也就是要确定战略规划实施路径——是其核心内容。第二，要使战略规划发挥"使关键人员从事特定的任务"的作用——也就是要发挥战略规划配置

---

① 彼得·德鲁克，著：《管理：使命、责任、实务》（使命篇），机械工业出版社，2006。

资源的作用——很明显,这一"资源"不仅限于彼得·德鲁克所说的"人",应当至少包括人、财、物等各类资源。他甚至把对一定人力资源的配置(是否使关键人员从事特定的任务)作为判断是否实现战略规划的重要标准——

> "规划最大的目的正是为了表明稀缺资源——最好的人员是稀缺资源——应该用于何处"。

从战略规划实施的角度看,通过合理配置资源来实现战略规划目标,关键是要建立起良好的机制。

2.1 战略规划实施的路径选择

战略规划的实施过程是将各项战略规划任务落地,进而实现战略规划目标,将画在纸上的"蓝图"变为实实在在"现实"的过程。战略规划经过论证和衔接,并经过一定的行政认可程序后,即变为各方共识及共同行动纲领。落实战略规划任务就成为下一个阶段的重要任务。根据我们在第二章中的讨论,我国覆盖全国的战略规划是一个战略规划体系。按照国务院的有关要求,其主要由总体规划、区域规划、专项规划等各类型规划组成,在战略规划实施过程中,不能追求其在实施路径上的绝对相同。针对不同类型的战略规划,因地制宜地制定实施策略是取得理想实施效果的前提。

(一)总体规划的实施路径

与专项规划、区域规划相比,总体战略规划更加强调对总体发展趋势的把握,对总体发展目标和相关战略性行动以及关系全局的重大政策的研究部署。其对发展方向等战略性问题的关注度远远超过了对具体发展任务的规划和部署的关注度。因此,总体规划的可实施性主要体现在其对专项规划、区域规划编制等相关工作的指导效果上。也就是说,如果总体规划很好的指导了专项规划或者区域规划的编制工作,其对发展形势的判断、发展方向的把握等内容很好地在专项规划或者区域规划中得到体现,那么伴随着专项规划和区域规划得到很好的实施,总体规划在经济社会发展中的作用自然得到充分发挥。近些年,我国总体战略规划体现出越来越关注关系全局的重大行动、重大政策的谋划和布局上来。"十三五"规划编制期间,不同层级的总体规划均要求提出重大工程、重大项目和重大政策。例如,江西省政府在《江西省人民政府办公厅关于印发江西省"十三五"规划编制工作方案的通知》[①]中明确要求"指导各地根据本地实际,研究提出发展思路和需要纳入省级层面规划的重大政策、重大工程项目"。由此,总体规划在经济社会发展中是否很好得到实施,应当有如下三个判断标准:

——总体规划所确定的发展思路是否在专项规划、区域规划等下级规划中得到准确、客观的体现;

——在战略规划实施阶段,列入总体规划中的重大项目、重大工程是否被作为重要事项列入相关部门或者单位的日常工作计划并被切实重视和加以推动;

——在战略规划的实施阶段,列入总体规划中的重大政策事项是否被作为重要事项列入相关部门或者单位的日常工作计划并被加以推动。

上述三条标准实际上也就是总体规划得到实施的三条路径。关于工程项目、重大政策进一步实施的问题,将在后面的章节中讨论。

(二) 专项规划的实施路径

专项规划实施的过程是逐条落实列入专项规划中各项任务的过程。研究专项规划的实施路径,首先需要弄清楚专项规划在内容、形式等方面与日常工作组织方式上的异同,有针对性地提出弥合两者区别的措施和方案。仔细加以甄别可以发现,两者之间的差别是十分明显的。

到目前为止,战略规划编制者对于专项规划任务的描述仍然以采用自然语言叙述的方式为主。项目化、工程化的表达方法已经开始出现,但是限于各种各样的原因,这种表达方式至少在近期内难以全面覆盖战略规划全部内容,自然语言叙述的方式仍然是主流。其主要特点是:以描述任务目标、内容等方面为主,较少涉及需求分析、技术路线、设计、分工、组织方式、实施策略等内容,也不可能对各项任务进行透彻的可行性分析。因此,有一些战略规划任务是没有办法被执行的。

日常工作的组织方式是项目化的、有计划的。所谓"项目化的、有计划的"主要是指日常工作的组织方式是按计划的项目方式——这也是我国计划管理制度和项目预算管理制度的依据。

---

① 见 http://www.jiangxi.gov.cn。

由此，研究专项规划的实施路径应当以"项目化"作为纽带。其路径选择如图 6-1 所示，主要包括如下几项主要工作。

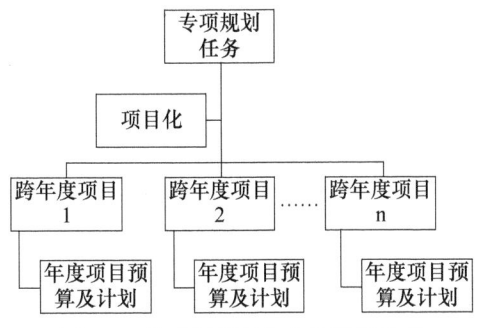

图 6-1 战略规划任务实施路径示意

第一，项目化。将专项规划各项任务按照项目管理的要求，重新包装，形成跨年度项目。这一过程中需要注意的是，包装形成的项目应当具备作为项目的各个要素，例如项目名称、项目简介、项目目标、技术路线、主要建设内容、组织措施等。这一过程所形成的项目，一般是跨年度项目——也就是需要几年才能完成的项目，所有跨年度项目形成规划项目库。

第二，项目实施。跨年度项目之所以称为项目，就是因为它是可实施的。从当前专项规划实施实践来看，跨年度项目的实施一般分两种情况区别对待：

情况一：项目资金来源不明晰，需要履行相关申报程序。在我国，各类战略规划，其中包括专项规划，并没有对各类项目的最终立项决定权的作用，其仅仅作为"决策建设项目上马与否"的参考依据的作用。

一般地，一个项目的上马与否，决定于许多因素，但是以下几项因素是最基本的：

——这一项目是否为经济建设或者其他事务所需要，当前的技术经济条件是否满足开展这一项目建设的要求。这往往由专项规划所决定——列入专项规划意味着该建设项目是经济建设所需要的并且是当前经济技术条件所允许的。

——政府或者相关部门是否拥有支撑该项建设的足够资金。

在上述基本因素之外，还有其他因素会被考虑，例如，政府领导人的直接批示、项目单位对立项争取工作的力度等。

情况二：项目资金来源已经明确。在这种情况下，跨年度项目实施的主要工作就是要做好项目任务的分解工作，并将其纳入年度工作计划。年度计划和年度预算的编制工作是各部门、各单位做好年度工作所倚重的最重要的两项制度。只有将跨年度项目工作任务按照编制年度计划和年度预算的要求做好相关分解工作，并分别纳入，才能保证跨年度项目的实施。

第三，年度计划和年度项目预算。对年度计划和年度预算的执行具有刚性要求。尤其是年度预算的执行，对于某单位来讲，实际上也标志着单位年度工作的有序开展。关于年度计划和年度预算的详细内容，后面还有讨论。

下面，作为一个案例，我们对基础测绘规划的执行进行讨论。

案例：

根据基础测绘分级管理原则，全国基础测绘由国家级基础测绘和地方级基础测绘构成。国家测绘地理信息局负责组织推动国家级基础测绘发展，地方测绘部门负责组织推动本行政区域内基础测绘发展。为保证《全国基础测绘中长期规划纲要》的实施效果，国家测绘地理信息局与各地方测绘部门形成了分工协作的规划实施机制，并建立起规划、计划和预算有效衔接机制。

——国家和地方分工协作机制。这一机制的主要内容是：国家测绘地理信息局负责完成"测绘规划"中确定的国家级基础测绘规划任务，地方测绘部门负责将"测绘规划"中确定的地方级基础测绘规划任务列入当地基础测绘"十一五"规划，报当地政府批准后组织完成。国家测绘地理信息局根据"测绘规划"，确定约束性发展指标，分年度列入基础测绘年度计划下达地方执行，通过约束性发展指标协调指导地方相关工作。

——规划、计划和预算有效衔接机制。在《全国基础测绘中长期规划纲要》提出的主要任务的基础上，按照项目管理的要求，进一步明确规划任务涉及的项目及其目标、内容、年度实施计划和投资需求等事项，形成规划项目表。该规划项目表是开展基础测绘年度计划和预算编制的主要依据。规划项目表中，前期工作基础较好的项目纳入现行经费渠道保障实施；须深入开展前期工作的项目纳入跨年度基础测绘专项计划，依据《全国基础测绘中长期规划纲要》，积极向有关部门争取立项。"十一五"期间，纳入跨年度基础测绘专项计划的项目共五项，其中固定资产投资项目有三项，财政专项预算项目有两项。经过三年多的前期工作，五项工程全部通过立项并陆续实施。通过编制规划项目表并积极推动项目表中的项目实施，建立起《全国基础测绘中长期规划纲要》与基础测绘年度计划、年度预算和基础测绘项目之间的有效衔接机制，保证了《全国基础测绘中长期规划纲要》组织实施效果。

在采取上述措施基础上，鉴于规划实施工作往往延续数年，由于期间所遇到的经济、社会、科技以及需求环境发生变化，客观上要求规划实施不能照本宣科。为此，国家测绘地理信息局充分发挥基础测绘规划和年度计划管理制度比较健全的优势，研究建立了"测绘规划"动态实施机制，即根据《基础测绘计划管理办法》（发改地区〔2007〕522号）的要求，将基础测绘年度计划作为《全国基础测绘中长期规划纲要》的年度实施计划；编制基础测绘年度实施计划坚持依据"规划项目表"和规划指标要求，同时适当考虑当年的应用和需求环境；强化基础测绘年度计划和预算编制工作的衔接，增强基础测绘年度计划执行力度。通过这些工作，建立起"测绘规划"与年度测绘工作的联系，保证了"测绘规划"的实施效果。

（三）空间性规划的实施路径

根据前面的讨论，空间性规划以地理空间（或者称为国土空间）的合理利用为规划对象，其根据对特定地理空间中水、热、土等要素的赋存状况及相互之间的搭配关系，对一定区域内不同地理空间所负载的经济社会发展内容的合理性（也就是各类经济活动在不同地理空间之间的布局的合理性）等进行系统研究评价后，对该地理空间的适宜用途做出规划甚至规定。由此，空间性规划属于具备管制属性的规划，是对地理空间这一经济社会活动的基础资源的利用提出约束条

件的规划。如果说这一类规划的主要任务是对资源进行配置的话,那么:

——所配置的资源仅限于地理空间这一类资源。

——资源配置的方式不是主要从"需要"出发,而是既从"需要"出发,也从"合理"出发。所谓"需要",主要是指经济建设对某种资源的需求,例如,建设某一个项目的资金投入量就是一种需求。对一个经济建设项目进行审核,看其能否上马,除要审查其建设方案的合理性外,就是要看其资金是否有保障,这是从"需要"出发的含义。说配置地理空间这一基础资源的方式既要从"需要"方面出发,也要从"合理"方面出发,意思是指在审查一个经济建设项目能否上马的时候:一方面要看用于项目建设的地理空间"有否",这是从"需要"维度来谈的;另一方面还要看地理空间从生态、经济、社会等诸多方面是否适合承载这一建设项目,这就是"合理"的维度。

由此,空间性规划的实施路径应当不同于专项规划,其在经济建设中应当更多地作为建设约束条件,在经济建设项目审核中作为一方参与。目前在我国实践中,这一类规划主要有:主体功能区规划、土地利用规划、城镇规划、生态环境类规划等。只有符合这一类规划要求的建设项目才能实施。

2.2 战略规划实施的机制建设

战略规划作为配置资源的一种政策工具已经得到众多政策研究者的认可。但是,不同类型的战略规划在配置资源中发挥作用的方式是不同的,例如,专项规划主要以政府经济建设事项为规划对象,其主要配置政府资源,通过政府建设项目、预算以及年度计划等政策工具发挥作用。主要以国土空间等为规划对象的空间类规划本质上不是一种发展规划,而是一种管控类规划,是对经济社会发展中最基础的资源——国土空间、资源环境及生态等进行配置的专门规划,其采用的主要手段是行政强制手段,调节的对象既涉及政府建设各项事项,也涉及各类市场主体的经营行为。总体战略规划是对国家和地区整体发展改革事务的总体谋划。正如前面章节中所述,其发挥配置资源的作用的方式是通过对专项规划、区域规划发挥指导作用来实现的。从战略规划实施的角度来看,其之所以对资源配置发挥作用,主要是因为实施过程中需要动员各种各样的资源作为支撑。因此,从这一角度讲,战略规划各项任务落地过程就是其配置资源的过程,这一过程是通过形成一系列有效机制完成的。

(一) **专项规划实施机制**

前面已经多次讨论，专项规划主要依靠项目得以最终落实。因此，只要建立起保障项目实施的有效机制，也就建立起专项规划的实施机制。而建立保障项目实施的有效机制，关键是要建立起为建设项目实施配置资源的机制。在我国，这往往是通过对建设项目进行行政认可（如审批、核准、备案等）而建立。

从配置资源的角度讲，一个项目的实施需要利用多种资源。可以将这些资源进行简单的二元分类：一是财力资源——也就是建设投资或者经费。其是基础性保障资源，如果没有这些资金的投入，项目实施就缺乏前提条件。二是其他相关资源，包括土地、水、人、适宜的环境等资源。这一类资源是项目建设所必需的，但不是基础性的、前提性的，并且也不是所有项目所普遍必需的。例如，有一些项目可能需要水资源的支持，有一些项目则可能不需要。由此，对每一个建设项目来讲，配置资源的方式也不应相同。

受我国行政管理体制的限制，为实施一个项目配置资源，需要许多政府部门共同参与。这些部门主要包括对各种自然资源、人文资源等有管辖权的部门。例如，发改委负责投资管理，其决定一个经济建设项目是否符合国家经济发展战略要求、生产力布局要求，是否满足资源环境等条件要求，是否具备在技术、资源等方面的可行性，并决定项目的投资方式和投资强度。其他自然资源和环境相关部门，例如国土、林业、水利等分别决定一个建设项目某一个方面是否满足建设条件。这么多的部门要共同决定某一建设项目是否上马，决定如何为该建设项目配置资金、人员，以及水、土、林等资源。如何"共同"决定？这就涉及我国政府部门针对建设项目的行政认可问题。

目前，我国全面深化改革正在向纵深发展，对建设项目的审批手续过繁、审批时间过长广受诟病，项目审批制度的改革呼声一直很高。回应这一呼声，建设项目审批部门也在一直探索减少审批环节、缩短审批周期的种种途径和方法。但是，无论怎样从行政程序上减少项目审批环节，对项目进行审批（或者其他形式的行政认可）的逻辑理由永远存在。由此，作为配置资源的一种机制，对建设项目进行必要的行政认可有其存在的合理理由。

针对一个建设项目，有这么多的部门需要举手发言，为这一项目能否上马投上一票,那么,怎样投票呢?根据目前的做法,前面已经讨论,要通过项目审批机制来完成,即由一个部门牵头,征求其他相关部门的意见,在充分酝酿的基础上,做出对建设项目是否上马的明确判断,并据此做出批复。概略流程是:

1) 项目单位向项目审批牵头部门报送建设项目建议;

2) 项目审批牵头单位根据建设项目所涉及的相关事项,向相关部门发函征求相关意见;

3) 项目审批牵头单位根据相关单位的反馈意见,对项目进行系统研究,做出其是否同意上马的最终决定,并以适当的方式通知项目单位。

必须说明的是,上述流程是一种模型式的流程,实际工作要复杂得多,并有多种来回、沟通等。但是无论如何,通过上述流程,政府有关部门组织对建设项目进行了系统研究和评价,并给出了最终决定。这一决定一方面是建设项目建设过程中筹集资源的核心依据,同时也为最大限度地避免建设项目实施风险,保证建设项目对经济发展能够发挥预期作用奠定了基础。

(二) 空间性规划实施机制

前面已经讨论,空间性规划属于管控类规划,其实施一方面要保证经济建设的需要,另一方面也要保证对地理空间使用的合理、科学。由此,这一类规划的实施关键是要建立起专项规划与空间类规划之间的相互关系。这种"相互关系"应当主要从两个角度加以确定:第一个是从专项规划项目实施的角度,第二个是从地理空间用途管制的角度。

1. 从专项规划项目实施角度

从规划实施的角度讲,专项规划和空间类规划之间的这种"相互关系"不应当是一种"定性"的关系,而应当能够"定量"。所谓"定量",在这里主要是要明确专项规划各类项目落地所需要的地理空间在量上是否符合相关空间类规划对地理空间使用管制的规划思想;或者反过来讲,空间类规划所确定的不同类型的地理空间是否满足专项规划对各类地理空间的使用需求。

如果我们用 $G_{需政}$ 表示一个规划期内各类政府专项规划项目落地所需要的地理空间总量(必须注意,专项规划是政府编制的规划,是对安排政府投资项目的规划),用 $G_{需企}$ 表示企业投资项目所需要的地理空间,用 $G_{规}$ 表示同一规划期内所有空间类规划所画出的可以用于项目建设的地理空间。理论上,应当存在以下关系:

$$G_{需企}+G_{需政}=G_{规}$$

从上述关系式可以看出,保证空间性规划落地实施,关键是要做好两项工作:一是如何确定 $G_{需企}$,二是如何确定 $G_{需政}$。

——关于确定 $G_{需企}$。$G_{需企}$ 以企业投资为主,其决策权在企业,或者换一种说法,其决策权在市场。因此,政府不太可能完全把控总量需求,只有通过研究、跟踪等方法尽量准确地了解这一需求。针对这一情形,政府唯一能够做的工作,除了要紧密跟踪并尽可能准确地研究和估计各企业项目建设对地理空间的需求外,就是要深入、持续地开展资源环境及生态研究,准确掌握经济建设、社会发展与资源环境之间的关系实质,常态化开展资源环境承载能力评估,在此基础上准确确定可用于项目建设的地理空间的范围和数量,并将此作为审核企业投资项目的约束条件。随后,在具体工作中,在企业履行投资项目审批等手续的时候,做出准确的判断,并通过这一系列行政认可程序来为企业项目配置地理空间资源。这是空间类规划实施的主要途径。

——关于确定 $G_{需政}$。各类专项规划所确定的政府投资项目落地所需要的地理空间资源是可以"计划"的。根据政府投资项目实施进度,按年度编制地理空间使用计划,并严格执行计划即可。

考虑到日常工作是按年度进行安排的,因此,空间类规划的实施机制宜采用年度计划的方法,也就是通过编制年度计划并严格执行来实施。模仿上述关系式,针对每一年,也应当存在如上述关系式的数量关系。由此,编制空间类规划的年度实施计划,应当既考虑政府投资项目的需求,也考虑企业投资项目的需求。年度计划中,对企业的需求数是通过研究跟踪估计出来的,对政府投资项目的需求数是计划来的。进一步,在年度计划职能上:企业投资项目的需求计划数是指导性的,不具备约束性;政府计划需求数是强制性的,具备约束性。

2. 从地理空间用途管制角度

地球表面不是均质的,区域地理环境之间存在区域差异。这决定了不同地区、不同区域适合不同类型、不同性质的人类活动。有山有水有河流,也往往意味着分别有适合于山、适合于水、适合于河流的不同的人类活动。"因地制宜"这一成语更加清晰地道出了不同地理空间,存在不同人类活动的道理。为了应对这种区域差异，使得人类的开发活动既能够产生最大的效益，又能够最大限度地保持地理空间的自然原貌，人们将地理空间划分为不同类型的区域，根据区域不同性质，有针对性地进行开发活动。

目前我国所采取的方法体现在国土规划、城镇规划等空间性规划之中。前几年，我国启动主体功能区规划的编制工作，将国土空间划分为重点开发区、优化开发区、限制开发区和禁止开发区四类地区。针对市县一级，又将其区域划分为城镇空间、农业空间、生态空间，不同类型的空间部署不同类型的开发项目。例如城镇空间中可以部署工业项目、住宅建设等项目，在生态空间中可以部署生态项目，但是不准部署工业开发项目等。根据主体功能区规划，研究如何将上述公式落地的过程中，不但要按年度编制计划并严格执行，还要充分考虑不同类型的区域的用途管制问题。因此，在实际编制年度计划的过程中，还要将项目进一步按照城镇空间、农业空间、生态空间的具体要求进行细分，再根据不同项目类型，明确不同类型的地理空间需求，在此基础上编制形成地理空间年度使用计划。这是提高空间类规划对地理空间用途管制的针对性、准确性的重要保证。关于如何根据地理空间用途类型划分项目类型的具体方法，可以参考相关文献[①]。

第三节 战略规划实施的资源配置方式和政策手段

研究战略规划实施问题，对资源配置方式的研究永远是最重要的一项工作。没有资源可以配置，或者没有很好的资源配置方式，不可能有一个好的战略规划实施效果，战略规划势必会沦落为"规划——鬼话"，"纸上画画，墙上挂挂"的尴尬境地。研究战略规划的实施方式，搞清楚相应的资源配置方式，需要区分不同类型的战略规划。第二章的讨论已经明确，我国战略规划是一个体系。这一体系以国民经济和社会发展总体规划纲要（也即国家总体规划）为龙头，由专项规划、区域规划、空间性规划以及各地区的相关规划组成。按照一般的理论，"规划是由政府（以及其部门）组织编制的，也是管政府（以及其部门）的"，也就

---

① 这种划分方法很多，2015年国家发展和改革委员会、国家测绘地理信息局在黑龙江开展市县规划编制创新工作，形成"市县规划编制工作导则"，其可以作为一重要的参考依据。

是说，政府及其部门是政府战略规划实施在一般意义上的责任承担者。但是，不同类型的战略规划，其具体实施责任主体是不同的。相应的，不同的部门在履行战略规划实施职责过程中，配置资源所依赖的手段也是不同的。一些战略规划的实施需要主要依赖市场手段，一些战略规划的实施需要主要依赖政府计划手段，还有一些则需要计划手段和市场手段同时发挥作用。表 6-1 为不同类型的战略规划及其资源配置方式的对应关系。

表 6-1　不同类型战略规划及相应资源配置方式对照

规划类型	国家和地方总体规划	专项规划	空间性规划	区域规划
对应的资源配置方式	政府计划和市场手段相结合	政府计划手段为主	政府计划为主	政府计划和市场手段相结合

3.1　国家和地方总体规划实施的资源配置方式

从表 6-1 可以看出，国家和地方总体规划的实施宜采用政府计划和市场调节相结合的资源配置方式。之所以如此，是由国家和地方总体规划的职责定位决定的。根据前面几章的讨论，国家和地方总体规划重在谋划一个国家或者一个地区经济社会总体发展愿景、目标以及发展思路等。按照我国全面深化改革的要求，推进经济发展要"使市场在资源配置之中起决定性作用和更好发挥政府作用"[①]。推进国家和地区总体规划的实施过程，实际上就是推动国家和地区经济实现整体发展的过程，应当既发挥市场的决定性作用，又更好发挥政府的作用。按照十八届三中全会精神，所谓"更好发挥政府的作用"，主要是指"保持宏观经济稳定，加强和优化公共服务，保障公平竞争，加强市场监管，维护市场秩序，推动可持续发展，促进共同富裕，弥补市场失灵"[①]。

在实际工作中，发挥政府和市场两股力量的作用推动国家和地方总体规划的实施，首先要将国家和地方总体规划文本中的内容作如下区分：

——需要政府通过引导各类市场主体完成的任务；

——需要政府自身亲自完成的任务。

---

① 见《中共中央关于全面深化改革若干重大问题的决定》（2013 年 11 月 12 日中国共产党第十八届中央委员会第三次全体会议通过）。

其次，进行如下具体工作：

——针对需要政府及其部门完成的任务，组织相关部门编制相关专项规划、区域规划等，通过纳入年度计划和年度预算予以逐步实施。

——针对需要引导市场主体完成的规划任务，政府及其部门应当做好三个方面的工作：一是通过公开总体规划内容和系统宣讲，使总体规划理念和任务广被市场主体所知晓、理解和认知，并进而影响市场主体的企业战略规划管理行为；二是围绕营造良好市场环境等，加强政策研究和制定，大力推进法制化工作，改进宏观发展环境；三是加强调控，即通过相关政策、建设项目行政认可程序等手段，正确引导市场，避免重复建设，并防止出现环境污染、资源浪费等市场失灵现象。

再次，在一定时间后，政府及其部门还要适时开展相关工作，包括但不限于如下几条：

——研究跟踪市场行为，研究企业行为规律，动态评估市场对国家和地方总体规划各项任务实施效果，及时发现问题并提出后续政策措施。

——对国家和地方总体规划执行情况进行系统总结、评估，并对总体规划进行适时修订，或为下一轮总体规划编制打好基础。

3.2 专项规划和空间性规划的实施

根据十八届三中全会精神，专项规划和空间性规划涉及内容大多属于公共服务范畴，各项任务需要政府及其部门直接完成，也就是需要更好发挥政府的作用来完成。因此，需要发挥计划及预算等手段来最终落实各项任务。关于计划及预算进一步的讨论，请参见下一节。

第四节 政府战略规划实施中的年度计划

模仿前面章节，在正式开始本节相关内容的讨论前，先引用一段彼得·德鲁克的说法：

> 正如长期一样，在目前和短期内，也完全需要进行战略决策。长期决策大都是由短期决策组成的。如果长期规划和决策不是以短期规划和决策为依据并体现其中的，那么最详尽的长期规划也不过

是面向未来的希望。另一方面，如果短期计划（有关此事此地的决策）没有整合到统一行动计划之中，那么它们只不过是权宜之计，是一种猜测，并且会迷失方向。

从这段话中，我们可以大体揣摩出彼得·德鲁克的两层意思：一是规划及决策，长期规划与短期决策是相互联合在一起的；二是长期规划的执行过程实际上是将长期规划拆成一系列短期决策来各个击破和分别完成的。从而，这一说法构成了将长期规划分解成年度计划进行有序执行的理论基础。可以看出，年度计划管理是政府战略规划实施的具体举措。

4.1　计划经济时期的年度计划管理

1949 年到 1978 年的计划经济时期，年度计划在我国经济生活中发挥了巨大的作用。根据权威部门的分析[1]，这一时期，国民经济计划的主要特点有如下几个方面：一是计划内容包罗万象，事无巨细，包括工农业生产、交通运输、基本建设、商贸流通、综合财政等；二是计划形式以国家指令性计划为主，直接调控企业的生产活动，对主要生产资料实行计划分配，对消费品的主要部分实行计划收购和计划供应，统一安排国家重大建设项目和资金分配；三是把计划的决策权和管理权高度集中到中央，以行政手段直接配置各类资源、组织生产建设。由此可以看出，年度计划对我国经济发挥着全面管制作用。

4.2　改革时期的年度计划管理

从 1978 年到现在，我国推进市场取向的改革已近 40 年。在社会主义市场经济框架下谈年度计划管理，正如《规划和计划体制改革成效与展望》[1]一文所述，推动经济发展，要靠政府通过计划、预算等手段配置资源。但是，更主要的是在政府创造优良产业发展环境的前提下，各类市场主体自行决策、自我发展，小流汇成大河，最终推动经济实现整体发展。在这一过程中，政府对各类市场主体不再具备领导职责，而只能形成引导、协商、管理的互动关系。2016 年 3 月，习

---

[1]　张平，主编：《中国改革开放 1978—2008》（综合篇·上），人民出版社，2009，221-240 页。

近平同志在看望参加全国政协十二届四次会议的民建、工商联委员时提到新型"政商关系"[①]，并说这一新型政商关系概括起来就是"亲""清"两个字。关于怎样是"亲"，怎样是"清"等问题，已有众多专家做过解读。但就习近平总书记提出"政商关系"本身来说，意义也非同一般。它至少说明了中央领导是如何看待"政"和"商"之间的相互地位和关系的——那就是"政""商"的平等、协商、互补关系。这应当是砸碎"官本位"思想，努力通过改革解放和发展生产力的一次重大的思想解放。

适应我国改革开放和社会主义市场经济体制建设要求，我国年度计划管理制度也在悄然发生变化。概括起来就是：其逐步退出对微观经济活动的管理，对资源配置也在渐渐丧失主导地位；其指令性作用越来越小，指导性作用越来越大；政府更加重视战略规划的编制和研究，逐步收缩年度计划管理的领域（这也意味着政府更加重视对经济宏观规律的把握和研究，逐步弱化对各类微观经济活动的管制和干涉）。根据《规划和计划体制改革成效与展望》，20 世纪 80 年代以后，"通过改革，国家指令性计划的范围大为缩小，指导性计划和市场调节的范围不断扩大，主要依靠行政手段管理经济的方式开始转变。" 20 世纪 90 年代，我国年度计划改革主要围绕以下方面展开：一是改革年度计划指标体系，突出年度计划的宏观性。在进一步减少指令性计划的同时，确立综合性的宏观经济调控目标。同时将若干重要经济活动和社会发展计划指标调整为预期指标。二是加强宏观经济政策研究，突出年度计划的政策性。三是合理确定国家公共资源配置，改进年度计划管理方式。与计划职能、内容、作用方式的改革相适应，年度计划的形式也由数字指标型的计划本子为主向更为全面、综合的国民经济和社会发展报告、计划专题报告及政策文件转变。同时建立了计划报告公开发布制度，增强了计划的透明度和公开性。

4.3 作为战略规划实施手段的年度计划

要使年度计划管理在战略规划实施中发挥作用，并进而使年度计划管理制度成为我国战略规划管理制度的组成部分，就必须在对我国计划管理制度进行总

---

① 见 http://theory.people.com.cn。

结、反思、批判的基础上,继承其与时俱进的精华,摒弃其过时的、与当代发展现状格格不入的东西。尤其是在年度计划管理的范围大规模缩减,对资源配置的方式方法不断变化的情况下,对年度计划管理制度在市场经济条件下是否具有存在的必要性,其主要发挥作用的领域及其方式,以及围绕战略规划如何做好年度计划编制工作等问题进行深入研究。

(一) 市场经济条件下年度计划管理的必要性

回顾我国年度计划管理的改革历程,年度计划管理的功能,伴随着市场经济的发展,被逐步弱化,甚至存在被否定的趋势和危险。将年度计划的性质由计划经济时期的绝对指令性计划,变更为市场经济时期的指令性、指导性和市场调节相结合;逐步增加年度计划的宏观性和政策性的说法(我们知道,"宏观性"一方面是指空间上、领域上的"宏观",另一方面也指时间上的宏观。年度计划,顾名思义,时间段上仅为一年,将其赋予"宏观性"有些勉强。所谓"政策性",是指年度计划是公共政策的属性。但是,有效期仅为一年的公共政策至少谈不上是一个好政策);以及将年度计划的形式由过去的"指标本子"改为国民经济和社会发展年度报告,并进而将年度计划管理制度的实质由"计划型管理"向"监测型管理"转变,将强制性的管理逐步转变为被动式的监测,均是上述趋势在实际工作中的表现。那么,在市场经济条件下,该如何看待年度计划管理对战略规划实施的必要性?

首先,我们必须明确一个事实,就是年度计划无论是在计划经济时期,还是在市场经济时期,均是由政府编制,也是管政府的,并且要由政府及其部门负责落实和完成的。所谓年度计划,是政府及其部门对一年工作的集中安排。与战略规划重在跟踪发展趋势、研究发展思路、谋划发展任务不同,年度计划重在在战略规划思路的指导下,对某一年的工作进行系统安排,保证全面工作方向正确,井然有序。在市场经济条件下,其作为经济管理工作的重要内容,至少应当具备三个基本特征:一是其对资源配置,例如对于资金、人才等应当具备调控能力,否则,其可执行性将受到怀疑,作为年度工作计划的地位将受到挑战。二是必须具备刚性执行力。所谓指导性的年度计划,在理论上站不住脚,在实践中也不存在。三是必须具备可考核性。年度计划指标最好以数量指标为主,便于考核。

在市场经济条件下,年度计划管理的必要性来源于政府要对市场进行适度的干涉,例如,为经济社会发展提供必要的公共服务。这需要通过严格年度计划管理，有序推进政府公共服务。在我国市场经济建设过程中，一直不否定政府的作用。十八届三中全会通过的全面深化改革的意见，在强调注重发挥市场的决定性作用的同时，还要求要正确发挥政府的作用。这是我国年度计划管理制度能够继续在市场经济的发展中发挥作用的前提。

从政府及其部门内部工作来讲，年度计划管理的必要性至少包括如下两个方面：

——正如前面所讨论的，加强年度计划管理是政府有序开展工作的需要。在政府战略规划制定完成后，按年度制定计划并严格落实就成为完成各项战略规划任务的关键。

——尽管我们说确定发展思路，谋划发展任务是政府战略规划的核心任务，但是，要使战略发展思路落地，还需要将各项战略任务分解，按年度编制实施计划。通过对年度计划的刚性实施，逐步使经济社会发展实践服从战略规划发展思路要求。

（二）市场经济条件下年度计划的编制

从前面对年度计划管理的必要性分析，我们可以很容易推论，从战略规划实施角度，年度计划管理的实质是按年度对战略规划任务的细化和执行。因此，这里所讲的年度计划，尽管有传统计划经济时期的影子，但是已经进行了改革调整，意义亦非以往。现今，年度计划的特点包括但不限于如下几点：

——年度计划的编制对象仅限于政府公共管理领域。其中，公共服务是最重要的事项。由此，各类专项规划是年度计划编制的主要依据。

——年度计划由政府及其各个部门"组织"执行。之所以给"组织"两字打引号，主要是为了特别说明，政府及其各部门在年度计划的执行过程中仅具备组织功能，其具体工作有可能通过政府采购等方式交由市场完成。

——年度计划是战略规划实施的政策工具。因此，其编制重点围绕某一具体战略规划，而不是围绕某一具体的政府部门。也就是，一个政府部门如果存在一部政府战略规划，则需要具备对应的年度计划承接实施任务；如果有多部，则需要有多个相应的年度计划；如果没有政府战略规划，则无须编制年度计划。

——年度计划具备资源筹措功能，因此，其应当与年度预算之间形成适当的指导和被指导关系。

——与传统时期的年度计划一样，尽管不能叫指令性计划，但是其执行也应当具有刚性要求。

年度计划具体编制工作，作者拟从如下三个方面加以讨论：

第一，围绕战略规划各项任务的实施开展年度计划编制。既然年度计划是战略规划的年度实施计划，年度计划的编制就应当以战略规划任务为指导。根据前面几章的讨论，在一部战略规划中，除了战略规划任务外，工程和项目一般也作为战略规划文本的重要组成内容。由此，为了使年度计划真正成为战略规划任务的实施计划，年度计划的编制就应当围绕项目和工程的实施而展开。战略规划文本中的"项目和工程"相关内容也就成为战略规划和年度计划之间的纽带。本章后面的讨论我们还将看到，年度计划是与年度预算相连的。因此，围绕战略规划任务编制年度计划，其实质就是建立"规划—项目—年度计划—年度预算"之间的有效衔接机制。

第二，注重计划的"可计划性"。并不是所有事情都是可以纳入年度计划的。例如，前面已经反复讨论，由市场调节的事项就不能纳入年度计划，甚至，一些政府公共管理事务，也并不都应当被纳入年度计划。所以，在年度计划的编制过程中，应当对某一事项是否具备"可计划性"进行评估。所谓"可计划性"，是指对某一事项是否可以纳入年度计划进行管理的称呼。一般地，"可计划性"除前面讨论的必须是政府及其部门负责的公共事项外，还受以下因素影响：

——年度计划实施过程中，相关影响因素是否基本可控。在客观世界，存在一类事情，其发展受多种因素的影响，并且大多因素是不可控的。这一类事项就不具备"可计划性"。例如，粮食产量不单受农民洒下的汗水的多少、农具的应用、化肥的使用等人类可控因素的影响，还受诸如气候、土壤、灾害等自然因素的影响，其并不总是随着人们的预期和希望而发生变化。即使随着农业科技的发展，人类可以部分的施以影响，但远未到发挥决定性作用的程度。因此，对粮食产量进行计划实际上是很令人生疑的。也就是说，我们似乎可以对某一年度的粮食产量进行估计，但是绝不可能对其进行计划！

——年度计划指标是否具备可执行性。在战略规划实施过程中，年度计划管理的目的无非有二：一是进度管理，保证战略规划实施进度可控；二是资源配置，为保证实施进度如何调配人、财、物等资源。年度计划指标设计不科学，不能反映进度情况，或者不能反映资源配置方式，年度计划均将落空，难以执行。

果真如此,年度计划的可执行性将存疑。

第三,注重形成年度计划与年度预算之间的关系。在我国现行政策框架内,发挥好年度计划的作用,尤其是年度计划在资源配置中的作用,关键是要处理好年度计划和年度预算之间的关系。目前,在年度计划和年度预算之间的关系问题上一直存在模糊认识,致使年度计划的作用越来越模糊,年度预算的作用越来越绝对。实际上,对市场经济条件下的政府公共服务工作,年度计划和年度预算均是不可或缺的政策工具——正如在一个单位中,年度工作计划和年度财务支出计划均是不可或缺的一样。它们是从不同的角度对国家公共事务进行年度具体部署和安排的不同形式。年度计划是从"事"的角度对一年的工作进行的布置,"事"的后面连着"钱",也就是,年度计划要通过一定的方式与预算挂钩。同理,年度预算则是从经费支出的角度入手对一年的工作进行的安排和部署,经费的安排是以工作为依据的,因此,年度计划是要通过一定的方式与预算挂钩,只有这样,年度计划才有了执行的保障。因此,在年度计划的编制过程中,将其与年度预算之间的关系作为重要组成部分纳入年度计划文本,就显得十分重要。同样的原因,在年度预算编制过程中,将其与年度计划的关系作为重要组成部分纳入年度计划文本,也显得十分重要。

第五节　政府战略规划实施中的年度预算

在战略规划实施中,与年度计划一样,国家预算也应当发挥至关重要的保障作用。国家预算管理是国家依法对公共财政资金的筹集、分配、使用进行组织、协调和监督的活动。其基本目标是合理编制预算、有效完成预算收支任务和提高预算资金运行效率。在现代社会,国家预算数据的背后,反映的是政府在未来一定时期内活动选择以及相应的成本估算,是政府的政策选择以及相应的政策成本,是关乎国家治理的大事,也是国家治理的核心,可以说一个国家治理能力的高低,在很大程度上体现在这个国家的预算能力上。毛泽东同志早在中华人民共和国成立之初就指出"国家的预算是一个重大的问题,里面反映着整个国家的政策,因为它规定政府活动的范围和方向"。

5.1 年度预算在战略规划实施中的作用及缺憾

不同的历史阶段,预算在推进经济发展中所发挥的作用是不同的。计划经济时期,预算成为国民经济计划的一个组成部分,弱化了其法律性,导致在相当长的一个时期内,我国在预算的编制、审批、执行、调整、决算以及监督管理上存在预算编制范围窄、涵盖不完整,预算编制较简单、方法不科学,预算编制时间短、程序不规范,预算支出安排粗化、调节余地大,预算多头管理,分配较混乱等问题。其对于经济发展的宏观调控作用得不到应有的体现。

改革开放后,特别是 20 世纪 90 年代,我国先后制定了《国家预算管理条例》《中华人民共和国预算法》和《中华人民共和国预算法实施条例》以及全国人大《关于加强中央预算审查监督的决定》。从 2000 年开始,中央政府和部分地方政府开始了部门预算改革,建立起以部门预算为主导的预算编制制度。部门预算是部门依照行使职能的需要,由基层单位进行编制,逐级上报、审核、汇总,综合反映本部门在预算年度内的全部收入和支出情况,经财政部门审核后交立法机关依法批准的综合财政计划。部门预算可以看作政府和立法机构对预算进行管理和控制的基本框架,是政府部门活动内容和形式的集中体现。通过这一改革,使得预算对经济活动的调控作用得以迅速增强。伴随着我国改革的逐步深化,年度计划对经济活动的调控作用越来越弱,预算的调控作用得到了前所未有的发挥,并存在逐步取代年度计划的可能。

但是,从战略规划实施的角度来看,由于缺乏年度计划这一中间环节,年度预算的编制与战略规划存在脱节现象,致使其在战略规划实施中的作用被大打折扣。这种脱节现象可以从两个方面进行讨论:

第一,编制过程相对独立,相互之间的衔接性有待增强。按理说,在专项规划明确后,预算编制的根本任务就是要为实施专项规划服务。因此,预算的编制应当将专项规划作为依据——对专项规划相关任务进行分解,测算经费需求,编入预算,从而为专项规划实施提供保障。一般的讨论习惯强调战略规划的指导性,对预算编制也强调其指导性。但是仅仅强调指导性对于发挥预算在战略规划实施中作用似乎没有益处。只有将战略规划看作预算编制的依据,预算这一政策工具才能实实在在地发挥其在战略实施中的作用。

第二，预算是按年度进行编制的，即年度预算，而战略规划（包括其中的专项规划）的规划期一般超过一年，多为五年。也就是说，时间段上不直接对应：一方面造成五年规划的落实与预算安排不够衔接，难以在财政预算中系统、完整地反映以及监督五年规划实施情况。另一方面因年度预算的短视和对以后年度部门预算缺乏合理预期，造成各部门年度预算间的不连续，一些必要项目缺少预算支持，同时为争取和维持部门预算盘子多上项目、乱上项目，造成财政资金使用浪费和财政预算大量调整、追加等问题。

5.2 对更好发挥预算作用的讨论

根据前面的分析，为更好发挥预算的作用，关键是要解决预算和战略规划之间的脱节问题，建立起预算和战略规划之间的有效衔接机制。与计划和预算的角色相适应，这一机制的建设也可以从两个方面入手：从"事"的角度，也就是从对"事"的计划入手，建立起战略规划经由年度计划编制年度预算的路径；从"财"的计划入手，在战略规划的指导下，编制财务规划（对战略规划实施来讲，实际上就是资源配置规划），再行编制年度预算。注意：这一路径实质上否定了年度计划的作用。

（一）预算在战略规划实施中发挥作用的范围

第一，必须明确，预算政策工具并不是在所有类型的战略规划的实施中发挥同等重要的作用。正如本书前面几章的分析，总体规划的调节对象不但包括需要政府及其相关部门承担责任的各项公共服务，还包括需要发挥各种资本的作用和积极性才能完成的规划任务。预算是与政府责任息息相关的，其"手"不可能触到各类资本的事务范畴，因此预算在战略规划中发挥作用的领域一般是由政府实施的公共领域。

第二，即使在政府负责的战略规划任务中，预算也不是全部发挥作用。其是否发挥作用，关键是要看战略规划的性质是建设规划还是管控类规划。建设规划，毫无疑问需要投资，也就需要国家预算对其进行相应的投入。管控类规划，根据本书前面几章的分析，实质上是对地理空间、土地资源、林业资源、生态资源等的配置规划，其本质与预算对资金进行配置类似。因此，这一类战略规划的事实一般不需要预算支撑，不需要在战略规划基础上再行编制配套预算方案。

（二）探索建立"战略规划—年度计划—年度预算"相衔接的有效机制

到目前为止，我国对某些经济活动仍然保留年度计划管理制度。这充分说明，即使在市场经济已经高度发达的今天，年度计划在经济发展中仍然有其发挥作用的舞台。改革年度计划编制思想和编制方法，将年度计划作为战略规划实施的工具引入战略规划实施之中，依据年度计划再行编制年度预算，从而建立起"战略规划—年度计划—年度预算"之间的有效衔接机制（图6-2）。

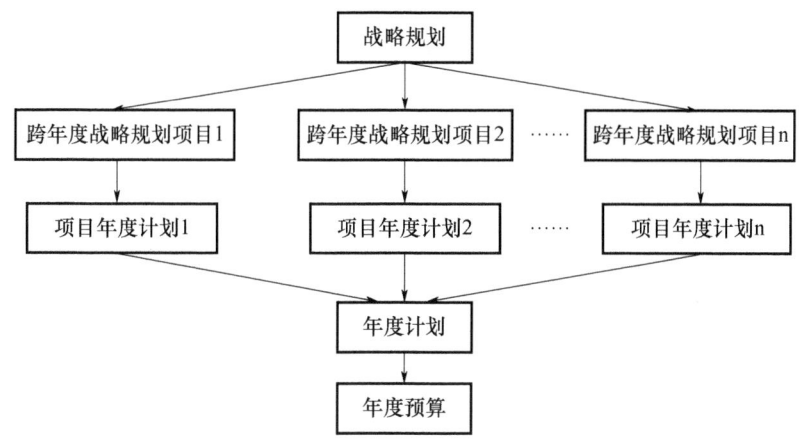

图6-2 "战略规划—年度计划—年度预算"有效衔接机制示意

（三）探索编制与五年规划相适应的中期预算框架

自20世纪80年代以来，许多发达国家和部分发展中国家逐渐开始推行中期预算以弥补年度预算的缺陷，如美国、俄罗斯、法国、新西兰、澳大利亚、瑞士等，中期预算已经成为联结政府战略与政策的最主要的工具之一。我国也已经开始探索编制与五年规划相适应的中期预算框架，主要有以下几个有利方面：

一是将财政预算与五年规划相对应，增加预算的政策支持和调控作用。自我国"一五"计划成功实施，到目前正在实施的"十三五"规划，应该说正是我国能够制定并较为成功的实施每个五年计划或五年规划，直接推动了我国经济社会的高速健康发展。然而，我国虽有五年规划，却缺少与之相应的中期预算予以支持，而年度预算也存在与政府宏观经济政策的联系不紧密的问题，尤其与五年规划有脱节的现象，限制了财政预算的政策支持功能和宏观调控职能的发挥。根据五年规划探索编制中期财政预算框架，可以实现财政政策与国家发展战略相结合，使现有的发展战略在财政预算方面得到更有力的支持，同时，也使我国的财政预算能更加适应现实经济运行情况，对经济发展起到更大的作用。

二是编制中期预算框架，加强对年度预算的约束，弥补年度预算的不足。最近十多年中，我国的财政预算规模不断扩大，如"十一五"时期，全国财政收入和支出年均增长速度分别达到 21.3% 和 21.5%，但随着财政规模的高速增长，年度预算的约束性弱的局限性也不断突现。编制中期滚动预算框架，可以从中期的角度对中国未来的发展重点及优先战略进行安排，年度预算可以在中期预算框架下安排年度财政资金，保证国家优先及重点发展战略能及时得到资金支持。同时，也可进一步增强年度预算的连续性、政策支持性和严肃性。

在实际工作中编制中期滚动预算框架需要考虑的因素很多，要求的规划编制能力和预算预测能力也非常高，不仅需要预测未来多年的经济增长情况、财政收支情况，还要将稀缺的财政资源在各部门间进行总量分配，所以中期预算框架的编制是一项复杂的工作。在组织形式上宜采用多部门合作的方式进行。我国目前已经开始探索以 3 年为一个周期的中期财政预算编制工作，相信不久的将来，伴随着对其认识、编制机制等日益成熟，预算必将在战略规划实施中发挥更大的作用。

第六节　战略规划评估

战略规划评估是指在战略规划实施一定阶段后，对战略规划目标的实现情况、列入战略规划各项任务的完成情况等进行跟踪检查，在此基础上对战略规划编制的科学性、指导性、政策性等进行综合判断的过程。战略规划评估是战略规划管理工作的重要组成内容，对于不断改进战略规划工作，准确跟踪和客观评估经济社会发展成就及存在的问题均具有积极意义。

6.1　战略规划评估工作的必要性

对战略规划的实施效果进行制度化评估，其必要性主要包括三个方面：一是战略规划作为政府关于一定时间内经济发展各项事务的总体安排，对政府各项工作有很强的指导作用。对其落实情况进行检查是政府管理工作的组成部分，是政府部门履行"工作计划—工作落实—检查验收"职责的必要工作环节。从这一点出发，必须对战略规划实施情况进行制度性的检查和评价。二是一般来说，列入战略规划的发展任务和重大项目，对于一个地区的发展具有重大影响，其实施情况好坏直接关系到本地区的经济发展核心利益。对战略规划实施情况进行制度化的检查评估，所检查评估的实质上是本地区经济发展的总体情况。从这一角度来讲，战略规划是政府对经济进行宏观管理的抓手，战略规划实施效果的评价结论则是政府判断经济是否健康发展的关键指标。三是战略规划评估作为战略规划管理的工作环节，对战略规划的组织实施情况定期进行评估，一方面，作为本期战略规划组织实施的收尾工作，对战略规划文本是否具备科学性、可操作性等进行检验，从而对战略规划编制工作是否科学做出全面评估，为不断改进战略规划编制工作提供参考。同时，其也是后续战略规划编制工作的开始，战略规划评估所形成的结论可以为后续战略规划编制提供基础材料。

6.2 战略规划评估的方法

从技术角度讲，涉及不同领域内容的战略规划，其评估技术方法是不同的。以国土空间的合理利用为主要规划对象的空间性规划的评估，需要充分依靠遥感、测绘等地理信息技术的支持。涉及人口可持续发展的专项规划的评估可能需要人口学方面的技术支撑。涉及教育相关的专项规划需要教育学等知识的支撑。因此，从不同领域的技术角度来探讨战略规划的评估是不现实的，也是没有意义的。本节关于评估方法的讨论是从一般意义出发的，主要有如下两点：

第一，确立战略规划评估的切入点。一部战略规划，既包括对发展形势的分析和判断，也包括对发展思路的把握，还包括发展目标和具体任务布局。如何确定战略规划评估工作的切入点？从前面几章的分析中我们知道，战略规划编制工作，首先在对重大问题进行深入研究基础上，摸清了发展形势，把握了发展方向，从而提出了发展思路。发展目标、发展任务、相关政策则是根据发展思路的要求，结合对规划期的规定而最后提出来的。一系列战略规划要素的先后逻辑关系如图 6-3 所示。

在对战略规划实施情况进行评估检查工作中，工作程序应当与战略规划编制工作相反，首先分析战略规划各项任务的完成情况，列入战略规划中需要制定的各项政策是否已经制定完成或者正在制定，在此基础上，对发展目标的实现情况以及能否如期实现做出评估和判断，并进而对战略规划所制定的发展思路是否正确做出判断，从而为战略规划后续工作打下基础。

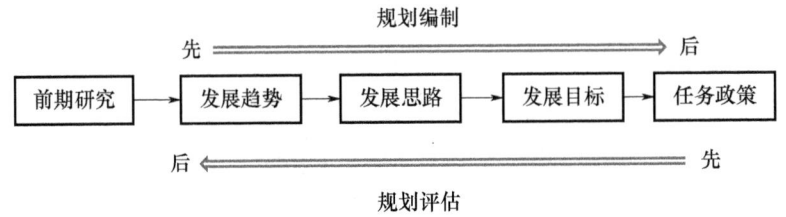

图 6-3　在战略规划编制和评估中各战略规划要素先后逻辑关系示意

第二，战略规划评估要注重战略规划的"体系"特征。前几章我们已经对何为战略规划的"体系"特征进行了讨论。必须注意的是，战略规划的"体系"特征不但规定着战略规划编制的组织工作，蕴含于战略规划文本之中，而且对战略规划实施的组织方式也带来影响。由此，战略规划评估工作也必然受此影响。具体地讲，不同类型的战略规划，由于其处于国家战略规划体系中的位置不同，其评估方法亦不同。国家总体战略规划所确定的各项任务一般是通过再行编制并组织实施各类专项规划、区域规划、空间性规划等来落实，因此列入国家总体战略规划的各项任务的完成情况也要通过先行评估各专项规划、空间规划、区域规划等的实施情况，在此基础上综合评估得出。同时，相互衔接的各类战略规划在对其进行评估时也必然要充分考虑相互之间的衔接关系。否则，我们将很难能得出客观公正的评估结论。

6.3　战略规划评估程序

与战略规划编制工作是政府管理工作一样，战略规划评估工作同样是政府管理工作。这就要求战略规划评估工作不但要具备科学性要求，还要具备程序合法性要求。到目前为止，还没有一个规范的战略规划评估工作程序。具体工作中，应当通过程序至少明确如下两件事：一是承担战略规划评估的组织应当具备的技术水准、人才标准、学科结构等，并在可能的情况下明确在战略规划评估中必须要开展的具体工作及其内容；二是战略规划评估报告的格式、内容深度等方面的要求，同时应当明确战略规划评估报告所要履行的行政认可程序等。

后　记

严格来讲，这本书还称不上是一本专著，仅仅是作者对日常战略规划工作在基本逻辑方面的总结和提炼。它既不是按照专业化的要求和规范所写，写作过程中也没有过多地考虑学术圈中关于"战略""规划"等所定义的框子的限制，书中的一些说法和写法还可能是错误的——而这还需要读者指出并给予谅解。写作本书的出发点是：笔者从事战略规划相关工作二十多年，见过很多成功的或者不成功的战略规划案例，也见过一些披着战略规划外衣，而实际上什么也不是的所谓的"战略规划"，并逐渐对战略规划的本质、作用等有了自己的体会和感悟。几十年积淀下来的东西，如果不把它写出来分享，感觉十分可惜。于是才有了写这本书的缘由。

笔者从 20 世纪 90 年代开始，在国家测绘地理信息局从事战略规划、年度计划及重大项目管理等工作，历经行政管理、战略研究等多个岗位，从"十五"开始即参与国家测绘地理信息局战略规划研究编制工作，具体执笔起草了多部规划文件。2000 年到 2005 年间，笔者在国家发展和改革委员会地区经济司（国家地理空间信息协调委员会办公室）工作 5 年，参与多项重大政策的研究起草。过程中，对于战略规划工作本身的重要性越来越有感悟，对战略规划工作中最经常、最可能犯的错误，战略规划工作最应当注意的相关事项，以及战略规划工作的本质属性、内涵本质、角色作用等有许多体悟。2012 年，受国家测绘地理信息局指派，笔者赴中央党校第 12 期中青年干部培训二班接受 1 年的培训。这 1 年的培训时间，不但有力地提升了本人行政管理工作的理论素养和管理能力，而且系统地学习了社会科学，提高了人文科学素养——这对于理科背景的笔者是尤为难得的补充。在参加学习的过程中，伴随着理论知识的储备，越来越感觉到一股对笔者战略规划实践进行理论挖掘和总结的冲动。尤其是在 2012 年 10 月，在中央党校第 12 期中青年干部培训二班第三支部开展从政经验交流活动中，笔者以《"务虚"与"务实"》为题专门就战略规划工作做了交流。自此，便开始了本书的写作，但由于日常工作繁忙，几乎没有整块的时间而只能利用业余时间，因此写作总是断断续续，一直到 2017 年才写完书稿。

本书的写作过程始终伴随着笔者与同学、同事之间的相互讨论和研讨，书中的许多观点来源于这些研究和讨论。笔者要感谢国家测绘地理信息局的领导和同事，感谢国家发展和改革委员会相关司局的领导和专家，感谢中央党校第 12 期中青年干部培训二班第三支部的老师和全体同学。在本书第六章第五节的写作时，曾参考国家审计署驻长春特派员办事处常利同志所撰写的相关材料，在此一并致谢。

本书得以顺利出版，得益于测绘地理信息科技出版资金的资助，在此一并致谢。

陈常松

2017 年 12 月